3월의 모든 역사

한국사

한국사

3月

3월의 모든 역사

● 이종하 지음

디오네

매일매일 일어난 사건이 역사가 된다

역사란 무엇일까. 우리는 왜 역사에 관심을 갖는 것일까.

이 책을 쓰는 내내 머릿속을 맴돌던 질문이다.

아널드 토인비는 역사를 도전과 응전의 개념으로 설명한 바 있다. 그것은 인류사 전체를 아우르는 커다란 카테고리를 설명하기에는 더없이 좋은 개념이다. 그러나 미시적인 문제로 들어가면 이야기가 달라진다. 나일 강의 범람 때문에 이집트에서 태양력과 기하학, 건축술, 천문학이 발달하였다는 것은 도전과 응전으로 설명이 가능하지만, 예술사에서 보이는 사조의 뒤섞임과 되돌림은 그런 논리만으로는 설명이 안 된다.

사실 역사란 무엇인가에 대한 관심은 대학 시절 야학 교사로 역사 과목을 담당하면서 싹텄다. 교과서에 나와 있는 대로 강의를 하는 것은 죽은 교육 같았다. 살아 있는 역사를 강의해야 한다는 생각에 늘 고민이 깊었다. 야학이 문을 닫은 후에 뿌리역사문화연구회를 만든 것도 그런 고민을 해결하지 못했기 때문이다.

약 10년간 뿌리역사문화연구회를 이끌면서 '어린이와 청소년을 위한 교실 밖 역사 여행' '어린이 역사 탐험대'를 만들어 현장에서 어린이와 청소년을 만났다. 책으로 배우는 역사와 유적지의 냄새를 맡으며 배우는 역사는 느낌이 전혀 달랐다. 불이학교 등의 대안학교에서 한국사 강의를 맡았을 때도 그런 느낌은 피부로 와 닿았다.

그렇다고 역사를 현장에서만 접해야 한다는 것은 아니다. 역사 자체는 어차피 관념 속에 있는 것이며, 그것이 우리에게 구체적으로 구현되는 것은 기록을 통해서이기 때문이다. 역사는 과거이며, 그 과거는 기록으로 존재한다. 그러나 현재에 펼쳐진 과거의 기록은 현재를 해석하는 도구이고, 결국 미래를 향한다.

이 책은 매일매일 일어난 사건이 역사가 된다는 사실에 기초하여, 1월 1일부터 12월 31일까지 일어난 중요한 사건들을 날짜별로 기록한 것이다. 사건의 중요도에 따라 집필 분량을 달리하였으며, 『1월의 모든 역사 - 한국사』『1월의 모든 역사 - 세계사』처럼 매월 한국사와 세계사로 구분하였다. 1월부터 12월까지 총 24권에 걸쳐 국내외에서 일어난 중요한 역사적 사실들을 흥미진진하게 담았다.

이 책에 나와 있는 날짜는 태양력을 기준으로 하였다. 음력으로 기록된 사건이나 고대의 기록은 모두 현재 사용하는 태양력을 기준으로 환산하여 기술하였다. 고대나 중세의 사건 가운데에는 날짜가 불명확한 것도 존재한다. 그것들은 학계의 정설과 다수설에 따라 기술했음을 밝힌다.

수년에 걸친 작업이었지만 막상 책으로 엮으니 어설픈 부분이 적지 않게 눈에 들어온다. 앞으로 그것들은 차차 보완을 거쳐 이 시리즈만으로도 인류 역사의 대부분을 일견할 수 있도록 만들고 싶다.

이 책을 쓰다 보니 매일매일을 성실하게 노력하며 살아야겠다는 생각이 든다. 매일매일의 사건이 결국 역사가 되기 때문이다.

이종하

3月

3월의
모든 역사

3월 1일

■
■
■

—

1919년 3월 1일

민족 대표 33인, 독립 선언서를 낭독하다

—

일찍이 아시아의 황금 시기에

빛나던 등불의 하나인 코리아

그 등불 다시 한 번 켜지는 날에

너는 동방의 밝은 등불이 되리라

마음에 두려움이 없고

머리는 높이 쳐들린 곳

지식은 자유롭고

좁다란 담벼락으로 세계가 조각조각 갈라지지 않는 곳

진실의 깊은 속에서 말씀이 솟아나는 곳

끊임없는 노력이 완성을 향해 팔을 벌리는 곳

지성의 맑은 흐름이 굳어서 습관의 모래벌판에 길을 잃지 않는 곳

무한히 퍼져나가는 생각과 행동으로 우리들의 마음이 인도되는 곳

그러한 자유의 천국으로

나의 마음의 조국 코리아여 깨어나소서

- 타고르, 「동방의 등불」

「동방의 등불」은 인도의 노벨 문학상 수상자인 타고르가 1929년 도쿄에서 한국의 유학생들에게 써 주었던 시로 알려져 있다. 그는 왜 극동의 작은 나라인 코리아를 동방의 등불로 찬미했을까?

20세기 초 타고르의 조국인 인도를 비롯한 아시아 대부분의 나라는 식민지 상태였다. 당시 식민지 국가들은 대부분 악랄한 식민 통치 아래 숨죽이고 있었다. 하지만 우리는 일제에 대항하여 당당하게 독립을 외쳤다. 바로 3 · 1 운동이다. 암흑 속을 헤매던 동방의 여러 민족들에게 그 소식은 희망의 등불 그 자체였고, 타고르는 그때의 감격을 「동방의 등불」을 통해 표출했던 것이었다.

3 · 1 운동은 1919년 3월 1일을 기하여 일어난 민족 해방 운동이다. 이 운동은 잠깐 뜨겁게 불타오르다 사라진 것이 아니라, 전국 각지에서 2년에 걸쳐 지속되어 일제의 간담을 서늘하게 하였다.

3 · 1 운동이 일어난 데에는 국내외적으로 몇 가지 요인들이 얽혀 있다. 우선 1918년 1월 미국의 윌슨 대통령이 제창한 민족 자결주의를 손꼽을 수 있다. 각 민족은 정치적 운명을 스스로 결정할 권리가 있으며 다른 민족의 간섭을 받을 수 없다는 주장으로, 실제로는 발칸 반도 및 동유럽의 패전국 영토에 귀속되어 있던 소수 민족들을 대상으로 하는 것이었다. 즉 오스트리아 · 헝가리 제국, 오스만 제국의 영토를 민족에 따라 여러 국가로 분리하여 적대 세력이 성장하지 못하도록 하려는 의도가 있었다.

그러나 모든 식민지 국가들은 이를 자국에 유리한 방향으로 해석하였다. 식민지 상태의 약소국들은 독립을 쟁취하기 위한 사상적 근거로 민족 자결주의를 들고 나왔다. 우리나라도 마찬가지였다. 김규식이 파리강화회의에 파견되고, 도쿄에서 유학생들이 2 · 8 독립 선언을 발표한 것도 그 때문이었다.

국내에서도 이런 분위기에 힘입어 독립운동을 일으키려는 기운이 고조되었다. 여기에 기름을 부은 것이 고종의 갑작스러운 죽음이다. 일제가 고종을 독살했다는 소문이 돌면서 민심은 극도로 동요했다. 이에 민족 지도자들은 1910년 국권을 상실한 직후부터 본격적으로 독립운동을 계획하였다.

이 계획에는 천도교와 기독교, 불교 세력이 모두 가세하였으며 최남선은 이 선언서의 기초를 맡았다. 본래 고종의 장례일인 3월 3일을 거사일로 잡았으나 승하한 황제에 대한 불경이라 하여 2일로 정하였다. 그러나 2일은 일요일이었기 때문에 기독교인들의 반대가 있어 다시 1일로 변경하였다.

당초 독립 선언식은 탑골 공원에서 열기로 약속되어 있었다. 그러나 길선주 등 4명을 제외한 29명의 민족 대표들은 인사동의 한 요릿집인 태화관에 모여 그들끼리 식을 거행하였다. 장소를 바꾼 것은 군중 심리로 행사가 폭력화될까 우려했기 때문이었다. 왜냐하면 이들은 외교를 통한 독립론을 지지했으며, 대중들의 시위는 단지 그것을 강화하는 하나의 압력 수단으로 보았기 때문이다.

이들은 3월 1일 오후 2시, 태화관에 모여 조선 총독부에 독립 통고서를 전달하였다. 오후 3시에는 한용운이 독립선언서를 낭독하였고, 그는 이 사실을 통고하여 마침내 일본 경찰에게 체포되었다.

한편 탑골 공원에 모여 있던 군중들은 1919년 3월 1일 오후 2시에 거행될 선언식을 몹시 고대하고 있었다. 이들은 변경된 장소에 잠시 당황하였지만 태화관에서 돌아온 강기덕 등의 말을 듣고는 곧바로 독립선언서를 낭독하였다. 낭독이 끝난 뒤에는 독립 만세를 부르며 시가행

진에 들어갔다.

마침 고종의 장례를 지켜보기 위해 전국에서 몰려든 사람들로 시위 대는 금방 눈덩이처럼 불어났다. 시위대가 광화문과 대한문 앞에 이르 렀을 때 만세 소리는 천지를 뒤흔들었고, 비슷한 시간 평양, 의주 등에 서도 만세 시위가 계속되었다. 그리고 날이 바뀌면서 시위는 전국 곳곳 으로 퍼져나가 한반도 전체에 물결쳤다.

3 · 1 운동은 일제 강점기에 나타난 최대 규모의 민족 운동이었다. 지 식인과 학생뿐 아니라 노동자, 농민, 상공인 등 각계각층의 민중들이 폭넓게 참여하여 독립운동사의 큰 줄기를 만들었다. 뿐만 아니라 외국 에 미친 영향도 컸다. 바다 건너 중국의 5 · 4 운동을 촉발시켰고 인도 의 독립 운동에도 영향을 미치는 등 실로 세계사적 의의를 지닌 큰 사 건이었다.

그러나 3 · 1 운동 당시에는 대규모의 민족 운동을 통합적으로 지도 할 수 있는 조직체가 없었다. 민족 대표는 독립을 청원하는 방식에 주 력하여 타협적인 태도를 벗어나지 못했으며, 전 계층을 이끌 수 있는 능력을 갖추지는 못하였다.

이에 대한 반성으로 나타난 것이 1919년 상하이에서 수립된 대한민 국 임시정부였다. 임시정부 수립 후 국내에서는 민중의 투쟁력을 조직 화하려는 움직임이 본격화되었다.

* 1918년 1월 8일 '미국 윌슨 대통령, 민족 자결주의 원칙 제창' 참조

* 1919년 2월 8일 '2 · 8 독립선언서 발표' 참조

* 1919년 4월 13일 '대한민국 임시정부가 수립되다' 참조

기원전 69년 3월 1일

신라의 시조, 박혁거세 출생

『삼국유사』에는 신라의 시조 박혁거세에 관한 출생 신화가 전해진다.

기원전 69년 3월 1일, 진한 땅 양산 밑의 나정이라는 우물곁에 흰 말이 무릎을 꿇고 울고 있었다. 이를 이상히 여긴 고허촌 촌장 소벌공이 다가가 보니 말은 간 곳 없고 그곳에 붉은 알이 하나 있었다. 알을 깨자 그 속에서 한 아이가 나왔다. 소벌공은 이 아이를 데려가 정성껏 길렀다. 박처럼 생긴 알에서 나와 성을 박朴이라 하였고, 세상을 밝게 다스린다는 뜻으로 이름을 혁거세赫居世라 하였다.

박혁거세는 자라면서 매우 영특한 면을 보였다. 마을의 촌장들은 이 아이가 13세 되던 해 임금으로 삼았다. 당시에 양산촌, 고허촌, 진지촌, 대수촌, 가리촌, 고야촌 등 여섯 마을이 있었는데, 통일된 왕국의 국호는 서라벌이라 하였다.

한편 기원전 53년 1월 용龍 한 마리가 알영정閼英井이라는 우물에 나타나 여자아이를 낳았다. 우물 이름을 따서 알영이라 하였는데, 후에 혁거세가 왕비로 맞아들여 알영 부인閼英夫人이라 하였다. 혁거세와 알영 부인은 농사와 누에치기를 권하여 백성들의 삶을 풍요롭게 하였다고 한다.

혁거세는 4년 73세로 사망하였고, 담엄사曇嚴寺 북쪽의 사릉蛇陵에 장사지냈다. 이곳은 경주시 남천南川의 남쪽으로 알려져 있다.

1885년 3월 1일

영국 함대, 거문도 불법 점령

1885년 3월 1일, 영국의 동양 함대 제독 도웰은 아가메논 호를 비롯한 세 척의 군함을 이끌고 일본 나가사키를 출발하였다. 그리고 하루 만에 거문도에 당도하여 섬을 불법 점령하였다. 영국은 러시아의 점령에 대비하기 대한 예방 조치라고 그 이유를 밝혔다. 그러나 더 직접적인 이유는 블라디보스토크를 공격하기 위해 함대 기지를 확보하려는 것이었다.

19세기 말 영국과 러시아는 세계 여러 곳에서 패권을 다투고 있었다. 러시아는 영국의 보호령이었던 아프가니스탄을 통과하여 아라비아 해로 진출하려다가 영국과 충돌을 빚었고, 부동항을 얻기 위하여 조선에 눈독을 들이고 있었다. 러시아가 조선의 영흥만을 조차한다는 밀약설이 흘러나온 것도 이 무렵이었다.

이에 자극 받은 영국은 블라디보스토크 항을 위협하여 러시아에 대항한다는 전략을 세웠다. 그리하여 마침내 도웰 제독에게 대한해협과 태평양 진출의 요충지인 거문도 점령을 명령하였다. 불법 점령 직후 영국군은 포대를 구축하고 병영을 건설하여 주둔하였으며, 거문도를 1년에 5천 파운드에 조차할 것을 조선 조정과 교섭하였다.

그러나 영국이든 러시아든 조선에서의 영향력이 커지는 것을 원치 않았던 청나라가 곧 중재에 나섰다. 청나라는 러시아로부터 조선의 영토를 점령하지 않겠다는 약속을 받아 냈다. 이 중재를 받아들인 영국은 불법 점령 22개월 만인 1887년 2월 5일 거문도에서 철수하였다.

* 1887년 2월 5일 '영국 함대, 거문도에서 철수' 참조

—

1937년 3월 1일

최현배의 문법 책, 『우리말본』 간행

—

1937년 3월 1일 국어학자인 외솔 최현배가 한국어 어법 및 문법에 관한 책인『우리말본』을 연희전문학교 출판부에서 간행하였다. 이 책은 국판 907면으로 이루어졌으며 소리갈音聲學, 씨갈詞論, 월갈文章論의 세 부문으로 나누어 집필하였다.

소리갈 편에서는 세 가지 음성 기관을 들어 구조와 작용을 설명하였으며, 씨갈에서는 국어의 씨品詞를 10씨로 나눈 뒤 뜻과 기능 및 변화 등에 대해 설명하였다. 또한 월갈에서는 월의 갈래 및 구두점 사용법 등에 대해 서술하였다.

이 책은 국어에 대한 연구를 집대성한 것으로, 일제 시대에 이루어진 국어학의 업적 중 가장 두드러진 것으로 평가받고 있다.

* 1970년 3월 23일 '한글학자 최현배가 사망하다' 참조

1923년 3월 1일

순수 아동 잡지 『어린이』 창간

1923년 3월 1일 우리나라 최초의 순수 아동 잡지 『어린이』가 창간되었다. 초대 편집인 방정환에 이어 김옥빈, 이정호, 박달성, 손진태, 윤석중 등이 후임 편집인을 맡았다.

이 잡지에 수록된 작품으로는 마해송의 동화 『어머니의 선물』 『바위나리와 아기별』 등이 있다. 동요로는 윤극영의 「반달」 「까치까치 설날」, 이원수의 「고향의 봄」, 윤석중의 「오뚝이」, 한정동의 「갈잎피리」 등이 있다.

이 잡지는 발행 기간 동안 어린이를 위한 동요와 동화 창작품을 지속적으로 게재하는 등 아동 문학의 발전에 큰 역할을 하였다. 1949년 12월 통권 137호를 끝으로 폐간되었지만, 일제 치하의 한국 문단에서 아동 문학의 길잡이가 되었다.

3월의
모든 역사

3월 2일

—

1622년 3월 2일

조선의 실학자 유형원이 태어나다

—

우리나라의 노비법은 유죄와 무죄를 가리지 않고 오직 그 세계를
조사하여 자손대대로 노비가 된다. 이 때문에 바보조차도 남의 생
사를 좌우하는 권한을 가지고, 설령 똑똑한 인재가 노비 사이에 태
어난다 하여도 역시 남의 노비가 되고 마니 이 어찌된 도리인가.
노비를 혁파한다는 것은 현재의 노비를 모두 없애는 것이 아니라
노비가 세습되지 않도록 하는 것이다.

- 유형원,『반계수록』

흔히 실학이라는 말은 조선 후기에 나타난 새로운 사상적 경향을 지칭한다. 그러나 사실 실학이라는 용어는 이미 고려 시대부터 사용되고 있었다. 불교에 대하여 유학을 실학이라 칭했다. 또한 조선 초기의 정통 유학자들 역시 사장학詞章學에 대하여 성리학性理學을 실학이라 불렀다.

그런데도 실학하면 누구나 조선 후기의 실학을 떠올린다. 당시에 나타난 실학은 단순히 기존 사상에 대한 반동으로서의 역할만 수행한 것이 아니라 새로운 사상적 기반이었다. 즉 당시의 실학은 사회 개혁 사상으로 볼 수 있다.

유형원은 바로 이 실학의 선구자로 꼽히는 인물이다. 그는 1622년 3월 2일 한성에서 태어났다. 유형원의 가문은 대대로 문관을 배출하였는데 세종 대에 우의정을 지낸 유관은 그의 9대조가 된다. 부친도 조정의 관리로 근무했지만 불행히도 유형원이 2세가 되던 해에 사망하였다. 유몽인의 역모 사건에 연루되어 옥사했던 것이었다.

유형원은 2세 때부터 글을 배우기 시작했는데 영특하고 부지런하여 9세에 이미 유학의 고전을 섭렵하였다고 한다. 그가 15세 되던 해에는 병자호란이 일어났는데 이때 있었던 일화는 그의 성품을 잘 말해 준다.

유형원이 어른들을 모시고 원주로 피난을 떠나는 중에 산 속에서 도적들과 마주하게 되었다. 가족들은 모두 겁에 질려 떨고 있었지만 유형원은 앞으로 나가 당당한 어조로 도적들을 꾸짖었다.

"이 세상에 부모 없는 사람은 없소. 내 부모가 소중하다면 다른 이의 부모 또한 소중한 것이오. 물건은 다 가져가도 좋소. 그러나 우리 어른들에게는 손대지 마시오."

이 말을 들은 도적들은 모두 감동하여 물러갔다고 한다.

그는 23세부터 차례로 조모, 모친, 조부를 여의는 불운을 겪었다. 어

머니의 탈상 후 두 차례에 걸쳐 과거에 응시하였지만 모두 낙방하였
다. 문장 실력은 누구보다 뛰어났으나 내용이 너무 현실을 앞서간 탓
이었다.

조부의 상을 지낸 뒤에는 모든 것을 정리하여 전라도 부안현으로 내
려가 은거하였다. 그러나 조부의 평생 소망이 마음에 걸렸던지 다시 과
거를 치러 진사에 합격하였으나 끝내 관직에는 진출하지 않았다. 사실
유형원은 과거에 큰 뜻이 없었다. 과거제의 폐단을 신랄하게 비판한 것
에서 충분히 그 뜻을 짐작할 수 있다.

유형원은 자기가 사는 마을의 이름을 따서 호를 반계로 지었다. 그의
대표적 저서인 『반계수록』도 이곳에서 이루어졌다. 이 책은 총 26권으
로 농촌 생활에서 직접 경험했던 것을 바탕으로 하였다. 또한 여러 가
지 개혁적인 사상과 정책을 담고 있는데, 신분제의 바탕인 노비 제도를
폐지하자는 충격적인 주장도 실려 있다.

그러나 이 책의 핵심 내용은 어디까지나 토지 제도의 개혁이었다. 당
시에는 농업이 산업의 전부였기 때문에 어쩌면 당연한 것이었다. 그는
모든 토지를 국가의 소유로 하여 농민들에게 공평하게 나누어 주자는
균전론을 역설하였다. 균전론의 근본 취지는 자영농을 양성하여 민생
의 안정과 국가의 재정을 튼튼하게 만들자는 데 있었다. 또한 상공업과
관련하여 상설 점포의 설치와 화폐의 유통을 주장하는 등 종래의 유학
자들과는 다른 인식을 보여 주었다.

이 밖에 『반계수록』은 과거, 관직, 교육, 군사, 지방 제도 등 각 분야
에 걸쳐 다양한 개선책을 제시하였다. 그러나 유형원은 재야에 묻혀 살
았기 때문에 그 개혁안은 당대에는 시행되지 못하였다. 그는 반계에서
20년간 여생을 보내다가 1673년 사망하였다.

유형원이 죽은 후 100년이 지나고 나서야 비로소 세상은 그의 사상에 관심을 갖게 되었다. 영조는 『반계수록』을 읽어 본 뒤 크게 칭찬하며 세상에 널리 반포하도록 명하였다. 그리고 그의 사상은 후에 이익, 안정복을 거쳐 정약용에 이르러 실학이 집대성되는 계기를 만들었다.

—

1906년 3월 2일

초대 통감 이토 히로부미, 경성 도착

—

1906년 3월 2일 이토 히로부미가 통감부의 초대 통감에 취임하기 위하여 경성에 도착하였다. 제2차 한일 협약에 따라 설치된 통감부는 주한 일본군 사령관을 역임하였던 하세가와 요시미치가 임시 통감으로 재직하고 있었다.

초대 통감이 된 이토 히로부미는 일본 정치계의 거물이었다. 메이지 유신 이후 정계에 투신하여 내각 총리대신, 추밀원 의장, 귀족원 의장을 역임하였다. 그의 취임 이후 통감 정치가 본격화됨에 따라 우리나라는 사실상 일본에 종속되었다.

이토 히로부미는 통감부를 통해 대한제국의 외교를 대행하고 경찰권을 장악하였다. 이른바 '고문 정치'와 '차관 정치'로 내정의 사소한 일들까지 간섭하였다. 1907년 헤이그에서 열리는 만국평화회의에 밀사를 파견한 일을 빌미로 고종을 퇴위시키고 순종을 즉위시키는 등 한일 합병의 기초 공작에 전력하였다.

또한 이완용과 한일 신협약(정미7조약)을 체결하였고, 협약에 부속 밀약을 두어 군대를 해산함으로써 대한제국의 무력 기반을 완전히 제거하는 것도 잊지 않았다.

한편 1909년 10월 26일 이토 히로부미는 러시아 재무대신 코코프체프와 회담하기 위하여 중국 하얼빈으로 향했다. 이날 하얼빈 역 1번 플랫폼에서 상해 임시정부 대한 독립단 소속 안중근의 저격으로 절명하였다.

* 1909년 10월 26일 '안중근, 이토 히로부미를 저격하다' 참조

1909년 3월 2일

안중근, 단지 동맹 결성

1909년 3월 2일 러시아 연해주에서 안중근, 강두찬, 김기용, 김백춘, 김춘화, 김태훈, 박봉석, 백락금, 엄인섭, 유치자, 황길병 등이 모였다. 이들 11명은 일제에 빼앗긴 조국의 독립을 위해 몸 바치기로 결심한 이들이었다.

이들은 태극기를 펼쳐 놓은 후 각자 넷째 손가락의 첫 관절을 잘랐다. 이어 선혈로 '대한 독립'이라고 쓴 후, "대한민국 만세!"를 세 번씩 외쳤다. 이렇게 하여 결사 동지회가 결성되었는데 무명지를 잘라 냈다 하여 단지 동맹이라고 불렀다. 안중근 의사가 남긴 친필 유묵의 장결(掌決, 손바닥 싸인)에 무명지 한 마디가 없었던 것은 그때 혈서를 쓰기 위해 손가락을 잘랐기 때문이었다.

안중근은 그해 10월 26일 중국 하얼빈 역에서 조선 총독을 지낸 이토 히로부미를 총으로 쏘아 죽이고 체포되었다. 벼랑 끝에 몰린 대한제

국의 상황을 전 세계에 알리기 위해 스스로 목숨을 바치기로 결심한 것
이었다. 안중근은 일본에 넘겨져 만주의 뤼순 감옥에 갇혔다가 이듬해
3월 26일 순국하였다.

그 후 2001년 10월 단지 동맹 터에는 독립 운동 표지석이 세워졌다.

* 1909년 10월 26일 '안중근, 이토 히로부미를 저격하다' 참조
* 1910년 3월 26일 '안중근, 뤼순 감옥에서 순국하다' 참조

—

1915년 3월 2일

조선 총독부, 돈의문 강제 철거

—

조선의 유적을 훼손하는 데 진력하고 있던 일제는 1915년 3월 2일
서울 사대문 중 하나인 돈의문마저 헐어 버렸다. 도로를 확장한다는 명
목으로 철거한 것이었다.

돈의문은 원래 태조 5년(1396) 9월, 한양 도성 2차 공사가 마무리될
때 다른 성문들과 함께 도성의 서대문으로 준공되었다. 정남에는 숭례
문(남대문), 정북에는 숙청문, 정동에는 흥인문(동대문), 정서에는 돈의
문이 세워졌다.

그 후 세종 4년(1422) 2월에 도성을 고쳐 쌓으면서 돈의문을 다시 지
었는데 이를 새 문, 즉 신문新門이라 불렀다. '신문로新門路'라는 도로명은
여기에서 비롯된 것이다. '새문안'이라는 명칭 역시 돈의문 안쪽을 뜻
하는 말이다.

1917년 3월 2일

독립운동가 이상설 사망

1917년 3월 2일 러시아 연해주 지역에서 항일 독립운동을 펼치던 헤이그 밀사의 정사 이상설이 사망했다. 그의 유해는 우수리스크 수이푼 강에 뿌려졌다.

1870년 충북 진천에서 태어난 이상설은 의정부 참찬을 지내던 1905년 을사조약이 체결되자 조약 체결 무효 상소를 올리고 자결을 기도하였으나 실패하였다. 1906년 이동녕과 함께 북간도로 망명하여 죽을 때까지 이역 땅에서 항일 독립운동을 전개하였다.

2000년 10월 국가보훈처는 그의 애국 혼을 기리기 위해 유해가 뿌려진 수이푼 강가에 유허비遺墟碑를 건립하였다. 유허비는 선현의 자취가 있는 곳에 그를 기리기 위해 세운 비를 말한다.

2009년 3월 2일

김용 박사, 아시아인 최초 다트머스 대학 총장 임명

2009년 3월 2일 김용 박사가 미국 다트머스 대학의 총장으로 선출되었다. 다트머스는 미국 뉴햄프셔 주에 있는 사립 종합대학교로 미국 동부 8개 명문 사립대 중 하나로 손꼽힌다. 아이비리그 역사에서 한국인은 물론 아시아인이 총장에 선출된 것은 처음이다.

김용은 1959년 12월 서울에서 태어나 5세 때 부모와 함께 미국 아이 오와 주로 이민 갔다. 1982년 아이비리그 대학인 브라운 대학에 진학 하였고 이후 하버드 대학에서 의학과 인류학을 공부하였다. 이후 20년 동안 하버드 대학에서 학생들을 가르쳤으며, 특히 세계 빈민국의 의료 구조 사업에 헌신하였다.

2004년 세계보건기구WHO 에이즈 국장을 지냈으며, 2006년 미국 『타임』지는 세계에서 가장 영향력 있는 인물 100인에 김 박사를 선정 하였다.

3월의
모든 역사

3월 3일

■
.
■

42년 3월 3일

가야국이 건국되다

날이 샐 무렵에 사람들이 다시 모여 함을 열었다. 알 여섯 개가 곧 어린아이로 변했는데, 그 얼굴 모양이 매우 훌륭하였다. 평상 위에 앉으니 사람들이 절을 하고 정성을 다하여 공경하였다.

10여 일이 지나자 키가 아홉 척이나 되어 은나라의 천은과 같고, 얼굴은 용처럼 보이니 한나라의 고조와 같고, 눈썹에서는 여덟 가지 빛이 나므로 당나라 요임금과 같고, 눈동자는 겹으로 되었으니 우나라의 순임금과 같았다.

그달 보름에 왕위에 오르니 처음으로 나타났다고 하여 이름을 수로首露라 하고, 나라를 대가락 또는 가야국이라고 하였다.

— 『삼국유사』

천지가 개벽한 후 아직 나라도 왕도 없던 시절, 가야 지역에서는 아도간 등 아홉 명의 족장들이 각자 자신의 촌민들을 거느리고 살았다. 이들은 산과 들에 모여 살면서 우물을 파서 물을 마시고 밭을 갈아 곡식을 재배하였다.

42년 3월 계욕일에 북쪽 구지봉에서 무엇인가를 부르는 이상한 소리가 났다. 수백 명의 사람들이 그곳으로 달려갔으나 모습은 보이지 않고 목소리만 들렸다.

"하늘이 내게 명하기를 이곳에 나라를 새로 세우고 임금이 되라 하시었다. 너희들은 모름지기 산봉우리 꼭대기의 흙을 파면서 '거북아 거북아 머리를 내밀어라 만일 내놓지 않으면 구워서 먹으리라' 하고 노래하면서 춤을 추도록 하라. 그러면 곧 왕을 맞이하게 될 것이다."

사람들이 노래하고 춤을 추자 곧 하늘에서 자줏빛 줄이 땅으로 내려왔다. 그 끝을 따라가니 황금 상자가 붉은 보자기에 싸여 있었다. 그 안에는 황금 알 여섯 개가 들어 있었다. 아도간이 이것을 가지고 집으로 돌아왔다.

이튿날 아침 마을 사람들이 다시 모여 그 상자를 여니 여섯 알은 어린아이로 변해 있었다. 10여 일이 지나자 이들은 키가 아홉 척으로 자랐으며 얼굴은 용과 같은 모습을 하고 있었다.

그중 가장 먼저 나타난 자가 그달 보름에 왕위에 오르니 세상에 처음 나타났다고 하여 수로라 불렀다. 나라 이름을 대가락 또는 가야국이라 하니, 이는 곧 여섯 가야 중의 하나이다. 수로는 왕위에 오르자 관직을 정비하고 도읍을 정하는 등 국가의 기틀을 마련하였다. 나머지 다섯 사람도 각각 다섯 가야의 왕이 되었다.

『삼국유사』 5가야조에 등장하는 여러 가야국

6가야 명	금관가야	아라가야	고령가야	대가야	성산가야	소가야
위 치	경남김해	경남함안	경북함창	경북고령	경북성주	경남고성

　수로가 왕위에 오른 지 4년이 지나자 주변에서는 배필을 찾아 주고자 하였다. 그러나 수로는 자신의 배필이 먼 곳에서 올 것이라고 하였다. 그리고 48년 7월, 바다 서남쪽에서 붉은 돛을 달고 붉은 깃발을 휘날리며 배 한 척이 다가왔다. 곧 배에서 어여쁜 여인이 내렸다. 그녀는 육지에 올라와 자신이 입고 있던 비단 바지를 벗어 산신령께 예물로 드렸다.

　그녀는 자신이 아유타국에서 온 공주라고 밝히고, 하늘의 뜻에 따라 수로의 왕비가 되기 위해 이곳에 왔다고 했다. 어느 날 아버지와 어머니가 함께 꿈을 꾸었는데 '가야국의 임금 수로는 하늘에서 내려 왕위에 오르게 한 자이니 그야말로 신성한 사람이요, 게다가 새로 임금이 되어 아직 배필을 정하지 않았으니 공주를 보내 그의 배필로 삼게 하라'는 명령이 있었다는 것이다. 수로는 곧 그 여인을 왕비로 삼았는데, 그가 바로 허황옥이다.

　기록에는 수로왕과 허황옥이 150년 넘게 장수한 걸로 남아 있다. 허황옥이 먼저 189년 3월 1일 157세로 세상을 떠났으며, 10년 후인 199년 3월 23일 수로왕이 158세로 세상을 떠났다고 한다. 현재 수로왕릉은 김해시 서상동에 있고, 김해 김씨 후손들은 이곳에서 제사를 지내고 있다.

　가야국과 관련된 이야기는 주로 신화와 설화로 전해 내려온다. 그나마 『삼국유사』에 실린 것이 기록의 거의 전부이다. 그러나 이러한 단편적인 기록으로 미루어보아도 당시의 상황을 어렵지 않게 짐작할 수 있다.

당시 김해 지방에는 작은 단위의 토착 세력들이 존재하고 있었으며, 이들의 대표인 9간이 합의하여 이주민으로 추정되는 수로를 왕으로 추대했음을 알 수 있다. 또 가야국은 당시 6개의 소국으로 나뉘어 있었음을 알 수 있다. 통일 왕국을 형성하지 못했으므로 이름도 여러 가지로 불리고 있었다.

이 가운데 낙동강 하구 김해에서 성립된 금관가야는 1세기경부터 해상 교역의 중심지로 발전하였다. 김해 지역은 철이 많이 생산되었는데 금관가야는 이를 중국과 일본에 판매하는 무역 중계지로도 성황을 누렸다. 아유타국 출신의 허황옥이 가야에 찾아온 것도 금관가야의 활발한 무역 활동과 관련이 있다고 볼 수 있다.

1919년 3월 3일

고종 황제의 국장 거행

1919년 3월 3일 조선의 제26대 왕 고종의 인산因山이 거행되었다. 조선 시대의 국장은 대개 6개월이었고 그 기간 동안 백성들은 상복을 입었다. 그러나 고종의 국장은 1월 21일부터 3월 3일까지만 행해졌다.

고종은 철종이 후사 없이 죽자 조 대비와 아버지 흥선군의 정치적 타협 아래 1863년 12세의 나이로 왕위에 올랐다. 그는 흥선 대원군의 섭정 10년을 포함하여 재위 44년 동안 갖가지 시련을 겪었다. 흥선군과 명성황후를 중심으로 한 척족들 간의 권력 다툼을 보았고, 거세게 밀려

오는 외세의 물결에 휩쓸리기도 하였다. 특히 재위 기간 중 맺어진 을
사조약으로 조선 왕조는 벼랑 끝에 몰렸다.

1907년에는 을사조약의 부당함을 세계만방에 호소하고자 헤이그에
밀사를 파견했다가 일제에 의해 강제로 퇴위 당하는 비운을 맞았다. 그
뒤 덕수궁에서 쓸쓸히 지내다가 승하하였다. 이후 고종의 갑작스러운
승하가 일제의 독살 때문이라는 소문이 유포되어 반일 감정이 고조되
었다.

* 1864년 1월 17일 '흥선 대원군 이하응 섭정 시작' 참조
* 1896년 2월 11일 '고종과 왕세자, 아관파천 단행' 참조
* 1919년 1월 21일 '고종, 덕수궁에서 승하' 참조

——

1981년 3월 3일

전두환, 제12대 대통령 취임

——

1981년 3월 3일 전두환이 임기 7년(1981~1988)의 대통령에 취임하
였다. 그는 1980년 8월 22일 대장으로 예편한 후 8월 27일 통일주체국
민회의에서 간선으로 제11대 대통령으로 선출되었다. 그 후 1981년 1
월 창당된 민주정의당 총재가 되어 2월 개정된 새 헌법에 따라 대통령
선거인단 투표로 제12대 대통령에 당선되었다.

전두환은 1931년 1월 18일 경상남도 합천에서 태어나 1955년 제11
기 육군사관학교를 졸업하였다. 5·16 군사 쿠데타 직후 박정희에게
발탁되어 국가재건최고회의 의장실 민원비서관, 중앙정보부 인사과장,

육군본부 수석부관을 지냈다. 1979년 10월 26일 박정희가 사망하자 계 엄사령부 합동수사본부장을 맡았다. 그해 12월 12일 계엄사령관 정승 화를 불법 체포하는 등 군사 쿠데타를 주도하였다. 또한 1980년 5월에 는 광주 민주화 운동을 무력으로 진압하였다.

전두환은 제5공화국 대통령으로 재임하는 동안 정의 사회 구현, 복 지 사회 건설 등을 당면 목표로 내걸었으며 물가 안정, 경제 성장, 무역 흑자 달성 등을 이룩하였다. 그러나 국민들의 대통령 직선제 요구를 무 시하다가 1987년 6월 항쟁에 의해 개헌을 수용하였다. 퇴임 후에는 광 주 민주화 운동과 5공 비리 문제로 책임 추궁을 당했다. 이후 1988년 11월부터 1990년 말까지 백담사에서 은둔 생활을 하였다. 1996년에는 12 · 12 및 5 · 18 광주 민주화 운동, 비자금 사건과 관련해 사법부의 심 판을 받기도 하였다.

* 1980년 5월 18일 '광주 민주화 운동 시작' 참조
* 1987년 6월 10일 '6월 민주 항쟁이 시작되다' 참조
* 1979년 12월 12일 '12 · 12 사태가 일어나다' 참조

3월의
모든 역사

3월 4일

■
■
■

1904년 3월 4일

일제, 불법으로 경의선 철도 부설에 착수하다

경의선 철도 공사는 실제 답사를 통한 정밀 조사 없이 졸속으로 이루어졌다. 철도 부설권을 빼앗은 이후 일제는 공사를 빠르게 진행시켰다.

이 공사는 총 733일이 걸렸으며 큰 터널은 파지 않고 우회하였으며 교량도 부실하였다. 또한 철도용 부지를 무료로 차지하고 공병대를 투입하여 공사 비용을 절감하였다.

이처럼 군사상 목적으로 급조된 경의선은 1905년 대대적인 개량 공사에 착수하였다.

1904년 3월 4일 일제는 서울과 신의주를 잇는 경의선 철도 부설에 착수하였다. 당시 철도의 부설권은 조선 조정에서 갖고 있었으므로 이 것은 명백히 불법이었다. 그러나 일제는 군사상 필요 때문이라며 철도 부설권을 내어줄 것을 조정에 강요하였고, 50년 임대 조건으로 경의선 부설권을 가져가 버렸다.

개항 이후 철도 부설권과 광산 채굴권은 모든 열강이 눈독을 들이는 이권 사업이었다. 원래 경의선 부설권은 아관파천 중이던 1896년 7월 3일 프랑스 피브릴르 회사의 대표 그릴르가 획득하였다. 하지만 자금 이 부족하여 공사에 착수하지는 못하였다. 이후 경의선 부설권은 조선 의 대한철도회사에 넘겨졌다가 1900년 궁내부 직영 사업으로 편입되 었다. 1902년 5월 내장원 소속 서북철도국에 의하여 서대문 밖에서 기 공식을 가진 후 선로 측량에 착수하였다. 이미 조선에서도 경의선 철도 부설을 위한 절차를 밟고 있었던 것이다.

그러나 일본은 러일 전쟁이 발발하자 임시 군용철도감부를 설치하고 공병대를 투입하여 불법적으로 경의선 철도 부설에 착공하였다. 이 공 사는 성급하게 이루어진 탓에 부실이 많아 1905년 대대적인 개량 공사 가 이루어졌다. 그 결과 1911년 11월에는 압록강 철교가 개통되었다. 각 열차는 만주 안동까지 연장하여 운행하였고, 서울 남대문과 만주의 장춘을 연결하는 급행열차는 주 3회씩 운행되었다.

한편 일본은 제2차 대전이 확대되자 1938년부터 경의선 복선화에 착 수하였다. 이후 경의선을 식민지 수탈과 대륙 침략의 도구로 적극 활용 하였다.

서울과 신의주를 잇는 경의선은 총 길이 518.5km의 복선 철도이다. 경부선과 함께 한반도의 주요 종관 철도縱貫鐵道였으나 민족 분단과 함께 허리가 잘려 서울과 문산 구간만 운행되었다.

그 후 2000년 8월 평양에서 남북 정상 회담이 열린 후 구체적인 복원 사업이 논의되어 2002년 2월부터 도라산 역까지 연장 운행되었다. 2003년 6월 14일에는 끊어졌던 경의선 철도 연결식이 남북 대표단에 의해 군사분계선MDL에서 열렸다. 이로써 경의선은 남북한 경제 교류의 통로로 작용하였으며 나아가 중국과 러시아를 연결하는 새로운 물류 유통로가 되었다.

1907년 3월 4일

항일 진주 의병장 노응규 옥사

1895년 명성황후가 일본 자객의 손에 시해되고, 친일 내각에 의해 단발령이 강행되자 국민들 사이에서는 반일 분위기가 팽배해졌다. 이때를 기하여 전국 각지에서 의병이 일어나 무력 항쟁이 시작되었다.

노응규는 1896년 1월 경상남도 안의에서 의병을 일으켰다. 2월 19일에는 승려 서재기를 선봉장으로 삼아 진주성을 장악하였다. 진주 부민들은 정한용을 진주 의병장으로 추대하여 노응규의 진에 합세케 하였다.

노응규는 3월 28일 일제의 침략 거점인 부산 항구를 공략하기 위해 김해로 병력을 집결시켰다. 그러나 일본군의 선제공격으로 병력의 손실이 커지자 진주로 회군하였다. 게다가 정한용의 배반으로 관군의 급습을 받아 군대를 해산하게 되었다. 이후 호남 지방으로 피신하였으나, 안의에서 그의 아버지 노이선과 형 노응교가 왜병에게 참살당했고 가산은 몰수되었다.

노응규는 1897년 상경하여 1902년에는 동궁시종의 직책을 맡았으나 을사조약이 체결되자 관직을 버렸다. 1906년 6월 최익현의 의병 부대에 합류하였으나 순창에서 지도부가 체포되자 황간 지역으로 피신하였다. 이곳에서 다시 의병을 일으켜 일본군과 일본군 척후대를 괴멸시키는 등 항일 무장 투쟁을 전개하면서 한성 진군 계획을 세웠다.

그러나 계획이 일본군 밀정에게 누설되어 1907년 1월 21일 체포되었다. 이후 한성 경무서 감옥으로 압송되어 옥중 투쟁을 계속하다가 1907년 3월 4일 47세를 일기로 옥사하였다. 1977년 건국훈장 국민장이 추서되었다.

—

1909년 3월 4일

호적법의 효시 민적법 공포

—

1909년 3월 4일 일제 통감부는 현행 호적법의 효시가 되는 '민적법'을 제정 · 공포하였다. 이 법은 개인의 신분 관계를 명확히 하고 전국의 호수를 정확히 파악하는 것을 목적으로 하였다. 그러나 실제로는 일제가 조선을 효과적으로 수탈하기 위한 의도로 만든 것이었다.

1909년 통감부는 민적법에 의거하여 첫 조사를 시작하였다. 당시 발표된 '민적 통계표'에 따르면 우리나라 인구는 1,300만 명이었으며, 성비는 남자 100명 당 여자가 88.4명이었다. 또한 민적법 시행 직후 파악된 우리나라의 성은 약 250개에 이르렀다.

우리나라는 1894년 갑오경장으로 신분 계급은 타파되었지만 성과 본은 여전히 양반이나 양민들의 전유물이었다. 그러나 민적법이 공포

되면서 거의 절반에 가까운 하층민들에게 새로운 성과 본이 부여되어
전 국민이 성을 갖게 되었다.

1892년 3월 4일

소설가 이광수 출생

소설가 이광수는 1892년 3월 4일 평안북도 정주에서 태어났다. 그는
어려서부터 인근에 신동으로 소문이 났다. 1902년 부모를 잃은 후 동
학東學에 들어갔으나 탄압이 심해지자 1904년 상경하였다.

그는 26세 되던 1917년 1월 1일부터 한국 최초의 근대 장편 소설
『무정』을 「매일신보」에 연재하여 한국 소설 문학의 새로운 장을 열었
다. 1919년 도쿄 유학생회의 조선청년독립단에 가담하여 2·8 독립 선
언서를 기초한 후 상하이로 탈출하였다. 상하이에서 「독립신문」 사장
겸 편집국장을 역임하면서 계몽적 논설을 많이 썼다. 1923년에 귀국
한 후 「동아일보」에 입사하여 소설과 논설을 발표하였다. 1933년에는
「조선일보」 부사장을 지냈다.

1937년 수양동우회 사건으로 투옥되었다가 풀려난 후, 본격적인 친
일파의 길을 걸었다. 1939년 친일 어용 단체인 조선문인협회 회장이
되었으며 '가야마 미쓰로'라고 창씨개명 하였다.

이러한 친일 행위로 광복 후에는 반민법에 의거하여 구속당하는 등
수난을 겪었다. 1950년 6·25 전쟁이 발발한 이후 납북되었다가 10월
25일 병사하였다. 그는 사실주의 문학을 지향하였으며 「재생」 「마의태
자」 「단종애사」 「흙」 등의 작품을 남겼다.

* 1917년 1월 13일 '근대 문학 최초 장편 소설 『무정』 연재 시작' 참조

—

1993년 3월 4일

대한의학협회, '뇌사에 관한 선언' 발표

—

　1993년 3월 4일 대한의학협회에서 '뇌사에 관한 선언'을 발표하였다. 사망은 심폐 기능의 정지인 심폐사 또는 전뇌 기능의 소실인 뇌사로 판단한다는 기준을 제시하며 뇌사의 법적 인정을 촉구한 것이다. 이는 의학적 사망과 법적 사망 사이의 괴리를 해소한 시도였다. 이때 뇌사의 판정은 생명의 존엄성을 훼손하는 무의미한 연명 치료 행위의 중단과 새로운 생명을 재창조하는 장기 공여의 경우에만 시행한다는 것을 명확히 하였다.

　이후 2000년 2월 9일 '장기 등 이식에 관한 법률 시행령' 개정안을 의결하여 뇌사를 법률로 인정하였다. 법률 시행 후 첫 뇌사 판정은 2000년 2월 15일 인천 가천의대 부속 길병원에서 있었다.

* 2000년 2월 9일 '뇌사 공식 인정' 참조

1973년 3월 4일

우도에 무장 간첩 침투

1973년 3월 4일 새벽 제주도 동쪽 3.5km 해상에 있는 우도에 무장 간첩이 나타나 해조 건조장 경비원 1명을 사살하고 도주하였다. 당시 대간첩대책본부는 우도에 나타난 무장 간첩들은 순찰 중인 경비원에게 암호와 동무라는 용어를 사용하였으며 경비원이 대답하지 않자 5m 거리에서 사살했다고 발표하였다.

이때 인근 해안에서 거룻배를 포함하여 두 척의 선박이 발견되었다. 현지 예비군과 각종 함정들이 출동하여 수색 작전을 폈으나 무장 간첩들은 이미 탈출한 것으로 판단되었으며 현장에서는 소제권총 탄피 1개가 발견되었다.

3월의
모든 역사

3월 5일

■
·
■

1637년 3월 5일

조선의 척화 삼학사 홍익한이 피살당하다

1636년 청나라는 조선에 사신을 보내 형제 관계를 군신 관계로 바꿀 것을 요구하였다. 이에 홍익한은 상소를 올려 황제의 호를 참칭한 죄를 묻고 그 사신들을 죽여 모욕을 씻자고 주장하였다.

그해 병자호란이 발발하였을 때에도 그는 여전히 강력한 척화파였다. 최명길 등의 화의론을 극구 반대하였고, 그 와중에 두 아들과 사위가 적에게 죽임을 당하였다. 뿐만 아니라 아내와 며느리도 적에게 붙들려 비운을 맞았다.

조선이 삼전도의 굴욕을 겪으며 항복하자 그를 비롯한 윤집, 오달제 등 척화 삼학사는 청나라의 수도 심양으로 끌려갔다. 그곳에서 청나라 태종의 강한 회유를 받았지만 끝내 뜻을 굽히지 않아 죽임을 당하고 말았다.

1636년 12월, 청 태종은 12만의 병력을 이끌고 대대적으로 조선을 침략하였다. 이른바 병자호란이었다. 임경업이 의주에서 백마산성을 굳게 지켰으나 적은 이곳을 우회하여 안주와 평양, 개성을 거쳐 서울로 쳐들어왔다.

다급해진 인조는 화친파인 최명길을 적진에 보내 진격을 잠시 늦추게 한 뒤 두 왕자와 왕족들을 강화도로 피난시켰다. 그러나 인조 자신은 강화도로 가는 길이 막혀 부득이 남한산성으로 피신하였다.

성 내에서는 주화파와 척화파가 심각하게 대립하였다. 이때 홍익한, 윤집, 오달제 등은 청과 싸울 것을 강력하게 주장하였다. 하지만 강화도가 함락되면서 대세는 최명길이 주도하는 주화파 쪽으로 급격히 기울었다. 혹한과 제한된 식량 사정도 문제였다. 결국 인조는 삼전도에 나아가 청나라에 항복하고 말았다.

청나라는 전쟁이 끝나자 소현 세자와 봉림 대군 등 왕자들을 인질로 삼고 척화론자인 오달제와 윤집 등을 잡아 심양으로 끌고 갔다. 이때 홍익한은 평양부서윤으로 있었는데 나중에 청나라 군에게 잡혀 역시 심양으로 압송되었다. 그의 두 아들과 사위는 이미 전쟁 중에 적의 칼에 맞았고 아내와 며느리는 적에게 몸을 더럽힐 수 없다며 자결하였다.

홍익한이 심양에 도착한 것은 2월 25일이었다. 청 태종은 그를 별관에 가두고 잔치를 베풀며 아침과 저녁으로 성대한 음식을 제공하였다. 그러나 홍익한은 '나에게는 죽음만이 있을 뿐'이라며 이를 거절하였다.

적장 용골대는 척화를 주장한 다른 관원이 누구인지 대라고 윽박질렀다. 그러나 홍익한은 "내 어찌 죽음이 두려워 다른 사람을 팔겠는가."라며 호통을 쳤다. 그럼에도 용골대가 끈질기게 추궁하자 "작년 봄에 네가 우리나라에 왔을 때 상소를 올려 네 목을 베라고 청한 사람은 오직 나 한 사람뿐이다."라고 하니 용골대가 웃고 물러갔다.

3월 5일에는 청 태종이 좌우에 군사들을 도열시킨 가운데 홍익한을 불러냈다. 죽음을 예감한 그가 청 태종 앞에 나아가니 분위기는 극히 삼엄하였다. 그러나 홍익한은 조금도 기죽지 않고 선 채로 의연하게 청 태종을 쏘아 보았다. 잠시 침묵이 흐르더니 드디어 청 태종의 입이 떨어졌다.

"너는 왜 꿇어앉지 않고 이토록 거만한가?"

"내 어찌 네 앞에 무릎을 꿇겠느냐."

청 태종은 당황하여 질문을 이어갔다.

"너는 어찌하여 이미 맹약한 바를 어기고 두 나라에 트집거리를 만드느냐?"

"너희 나라는 우리 조선과 형제의 관계를 맺었거늘 네가 도리어 황제를 칭하였으니 약속을 어긴 것은 바로 네가 아니더냐."

이에 청 태종이 말문이 막혀 머뭇거렸다. 홍익한은 옷을 벗어 땅에 던졌다.

"너희 형벌은 살을 도려낸다고 하던데 왜 빨리 그리 하지 않는가."

홍익한은 붓을 청한 뒤 빠른 속도로 글을 써 내려갔다.

'조선은 본래 예의를 숭상하는 나라이다. 너희 나라가 맹약을 어기고 황제를 일컬은 것은 전혀 사리에 맞지 않는다. 이것은 형제가 서로 어그러짐이요, 천자가 둘이 있게 되는 것이다. 그러므로 내가 척화를 주장하는 상소를 올려 예의를 지키고자 한 것은 신하된 직분일 뿐이다. 위로는 왕세자와 대군이 포로가 되었고 노모는 생사조차 모르게 된 것이 다 그 상소로 인한 것이니 어찌 죽음을 두려워하랴. 혼이라도 고국에 돌아가고자 하니 속히 죽여주기를 바랄 뿐이다.'

청 태종은 이 자는 어찌할 수가 없구나라고 생각한 뒤 또다시 물었다.

"마지막으로 묻겠다. 내가 왜 황제가 될 수 없다는 것이냐?"

"너는 천조(명나라)를 배반한 도적인데 어찌 감히 황제가 될 수 있단 말이냐."

청 태종은 이에 격노하였고 홍익한을 참형에 처했다. 윤집과 오달제 또한 청 태종의 회유와 설득을 거부하여 죽임을 당하였다. 이들을 죽이 면서도 청 태종은 그 기개에 감탄하여 찬사를 아끼지 않았다 한다. 삼 학사란 바로 이들을 말하는 것이다.

* 1637년 1월 30일 '삼전도의 굴욕' 참조

1776년 3월 5일

조선 제21대 왕 영조 승하

1776년 3월 5일 조선 제21대 왕 영조가 승하하였다. 영조는 52년 (1725~1776) 동안 재위하여 조선 시대의 왕 중에서 가장 오랫동안 왕의 자리에 있었다.

그는 숙종의 아들로 1699년 연잉군으로 봉해져 1721년 세제로 책봉 되었다. 이어 1724년 경종이 죽자 조선 21대 왕위에 올랐다. 왕위에 오 르기는 하였지만 세제 책봉은 물론 등극하기까지 우여곡절이 많았다. 그것은 노론과 소론의 대립에서 빚어진 일이었다.

선왕인 경종이 즉위하자마자 노론은 연잉군을 세제에 책봉하자고 주 장하였다. 연잉군의 사양과 소론의 시기 상조론에 따른 적극적 반대에도 불구하고 그는 왕세제에 책봉되었다. 그러나 노론은 거기에서 그치지 않았다. 실권을 잡으려는 욕심으로 왕세제의 대리 청정을 주장하였다. 대리 청정을 관철시키려는 노론과 이를 막으려는 소론 사이에서 왕세제도 네 번이나 청정 명령 회수를 청하였다.

결국 무리하게 밀어붙이려던 노론은 소론 측의 공격을 받아 신축옥사(1721), 임인옥사(1722) 등으로 큰 타격을 받았다. 임인옥사 때에는 경종을 시해하려 했다는 주장이 제기되어 노론 측 60여 명이 처형되는 등 대대적인 축출이 행해졌다. 이때 왕세제도 모역에 가담하였다는 주장이 제기되어 신변의 위협을 받았다. 그러나 2년 후 경종이 승하하자 무사히 왕위에 오를 수 있었다.

영조가 즉위하자마자 제일 먼저 한 일은 신임옥사를 일으킨 자들을 숙청한 것이다. 한편으로는 을사 처분과 기유 처분을 내려 양파를 골고루 등용하는 탕평 정국을 이루고자 하였다.

영조는 세제 시절 노론과 소론의 다툼 속에서 생존을 모색해야 했던 뼈아픈 경험을 갖고 있었다. 그래서 영조는 정국의 안정을 위해 사색을 고루 등용하는 탕평책을 제도적으로 정착시키고자 노력하였다. 하지만 노론과 소론의 세력 다툼 속에 장헌 세자를 뒤주 속에 가두어 죽이는 비극을 빚기도 하였다.

 * 1733년 1월 19일 '영조, 노론과 소론이 탕평할 것을 하교하다' 참조

1920년 3월 5일

「조선일보」 창간

1920년 3월 5일 일제 강점 후 10년 만에 처음으로 순수 민간 신문인 「조선일보」가 창간되었다. 석간으로 발행된 창간호는 지금 신문 크기로 모두 16면이 발행되었으며 국한문 혼용체였다.

발행 장소는 경성부 관철동 249번지였으며 대정실업친목회가 발행을 맡았다. 대정실업친목회는 1916년 조선 실업인들이 친목을 도모하기 위해 만든 경제 단체이다. 사장 조진태, 부사장 예종석 등 주요 간부를 포함한 발기인 중 11명이 대정실업친목회 사람들이었다.

「조선일보」의 창간은 1919년 3 · 1 운동의 성과였다. 우리 민족의 독립 의지에 놀란 일제는 조선 통치 정책을 종래의 가혹한 무단 정치에서 문화 정치로 전환하고 민간 신문의 발행도 허가하였다. 당시 접수된 신문 발행 신청서는 십수 통에 달하였으나 총독부는 「조선일보」「동아일보」「시사신문」 등 3개 신문의 발행만을 허가하였다.

1969년 3월 5일

가정의례준칙 선포

1969년 3월 5일 정부는 국민 생활의 합리화를 기하고 허례허식에 빠져 있는 가정의 폐습을 바로잡기 위해 가정의례준칙을 대통령 고시로 선포하였다. 정부는 이 준칙의 실천과 보급을 위해 각 도 · 시 · 군 단위로 심의위원회를 설치하고 범국민 운동을 전개하였다.

이 준칙에 의하면 ① 부모, 조부모, 배우자의 상기를 1백일로 하고 ②
호적 등본과 건강 진단서를 첨부한 약혼서의 교환으로 약혼을 하고 ③
신랑, 신부가 서명한 혼인 신고서를 당일에 제출하고 ④ 상복을 간소화
하고 노제, 삼우제 등을 없애기로 하였다. 또한 결혼 청첩장, 부고장,
결혼 피로연, 화환 증정 및 진열 등이 금지되었고 장례는 3일로 제한
하였다.

가정의례준칙이 제정된 이유는 종래의 관혼상제에 사치 요소가 많았
기 때문이었다. 당시에는 유교적인 관습에 따라 가정의례를 치렀기에
신분을 내세우기 위한 허례가 많았다.

가정의례는 국가가 강요할 수 있는 성질의 것이 아니기에 반발도 있
었고, 비현실적인 규제 때문에 문제가 되기도 하였다. 그러나 이 준칙이
제정된 이후 오랜 기간을 거치며 가정의례는 예전보다 간소화되었다.

1910년 3월 5일

시인 모윤숙 출생

모윤숙은 1910년 3월 5일 함경남도 원산에서 태어났다. 그는 1931년
이화여자전문학교 문과를 졸업하고 1935년 경성제국대학 영문과를 수
료하였다. 월간 『삼천리』 기자, 중앙방송국 기자 등으로 활동하였으며
1933년 첫 시집 『빛나는 지역』, 1937년 장편 산문집 『렌의 애가』를 출
간하여 주목받기 시작했다.

그러나 1940년부터 친일 단체인 조선문인협회, 임전대책협의회, 국

민의용대 총사령부 등에서 활동하며 일제의 전시 동원 체제에 적극 협력하였다. 「대일본제국의 서양 정복전에 협력하자」 「일본군의 싱가포르 함락을 찬양함」 「조선 학도여 성전에 참여하라」 등의 친일적인 글들을 신문에 연재하여 조선의 청년들을 전쟁터로 내모는 데 일조하였다.

광복 후에는 문단과 정계에서 폭넓은 활동을 전개하였다. 1948년 월간 문예지 『문예』를 발간하는 한편 1948년과 1949년에는 유엔 총회 한국 대표로 참석하였다. 1958년 유네스코 총회 한국 대표, 1960년 펜클럽 한국위원장, 1969년 여류 문인협회장을 역임하였다. 또한 국민훈장 모란장, 예술원상, 3·1문화상 등을 수상하였다.

1990년 6월 7일 사망하였으며, 1991년에 금관문화훈장이 추서되었다.

3월의
모든 역사

3월 6일

■
·
■

1866년 3월 6일

민치록의 딸을 왕비로 간택하다

약 60년에 걸친 안동 김씨의 세도 정치에 신물이 난 대원군은 고종의 왕비로 외척이 적은 민치록의 딸을 간택하였다. 그리고 1866년 3월 6일 대원군은 흔쾌히 그녀를 고종의 왕비로 맞아들였다. 그녀가 명성황후로 당시 16세였다.

총명하고 수완이 능란했던 그녀는 곧 정치에 관여하기 시작하였다. 결국 그녀는 대원군을 몰아내는 데 성공하였지만 1885년 을미사변으로 일본 자객들에게 무참히 시해되는 비운을 겪고 말았다.

조선 후기 순조에서 헌종과 철종에 이르는 3대 국왕은 허수아비와 같은 존재였다. 사실상 모든 권력은 안동 김씨가 장악하고 있었기 때문이었다. 흔히 말하는 세도 정치의 시기였다.

그러나 철종이 후사가 없이 죽으면서 일대 지각 변동이 일어났다. 그동안 온갖 설움과 모욕을 감내하며 살아온 흥선 대원군이 마침내 아들을 왕위에 앉히는 데 성공한 것이었다. 이가 바로 고종이다.

이때 고종은 겨우 12세였으므로 궁중의 최고 어른이던 조 대비가 수렴청정을 실시하였다. 그러나 실제적인 권력은 고종의 생부인 흥선대원군 이하응에게 있었다. 비록 제도적으로 보장된 권력은 아니었지만 국왕의 생부라는 권위와 그의 정치적 능력이 그것을 가능케 하였다. 조 대비의 내밀한 위탁도 있었다.

안동 김씨의 세도 정치에 신물이 났던 흥선 대원군은 고종의 왕비를 간택하는 데 있어 외척의 발호를 가장 염두에 두었다. 마침 아내인 민씨 부인의 친정 집안에 참한 규수가 있다는 소리를 들었다. 1866년 3월 6일, 대원군은 흔쾌히 그녀를 고종의 왕비로 맞아들였는데 그녀가 바로 명성황후로 당시 16세였다.

그러나 궁녀 이씨가 완화군을 생산하면서 대원군과 명성황후는 완전히 등을 지는 사이가 되었다. 대원군은 노골적으로 완화군을 편애하였는데 명성황후 입장에서는 보통 예민한 문제가 아니었다. 대원군이 완화군을 세자로 책립하려는 움직임을 보였기 때문이다.

그러던 차에 명성황후가 자신의 첫 아들을 얻었으나 며칠 만에 죽고 말았다. 아기가 생후 사흘이 되도록 대변을 보지 못해 대원군이 산삼을 구해 주었는데 이것을 먹고 죽었다는 말까지 떠돌았다. 물론 여기에는 명성황후를 중심으로 하는 노론 세력과 새로 등용된 남인, 그리고 일부

북인이 연합한 세력의 정치적 갈등도 무시할 수 없었다.

대원군에게 큰 반감을 가지게 된 명성황후는 대원군을 몰아낼 기회만 엿보았다. 대원군은 많은 개혁을 단행하면서 지지를 받았지만 고종 8년, 서원을 철폐한 이후 점차 반대 세력이 늘어났다. 아직 뿌리가 남아 있는 안동 김씨와 대원군의 권력 독점을 우려한 조 대비의 세력, 그리고 전통적인 유림이 그들이었다.

고종도 20세가 넘자 아버지로부터 벗어나 친정을 하고 싶어 했다. 총명하고 학식이 뛰어났던 명성황후는 고종의 배후에서 대원군의 반대 세력과 결탁하여 마침내 대원군 축출 작업에 들어갔다.

고종 10년 유림의 거목인 최익현이 동부승지를 사직하는 상소를 바쳤다. 여기에는 대원군의 정치가 잘못되었음을 정면으로 공격하는 내용이 있었다. 이에 대원군은 격분하였고 만약 사직서를 제출하려면 신병의 사유를 부치라고 명령하였다. 반면 고종은 최익현의 상소가 간절하고 애틋하다며 오히려 호조참판으로 승진시켰다. 이것은 대원군에 대한 정면 도전이었다. 최익현은 다시 상소를 올려 만동묘의 철폐를 비롯한 대원군의 실정을 공격하고 하야를 촉구하였다.

고종은 최익현의 상소를 받자마자 그날부터 전격적으로 친정을 단행하였다. 이미 고종이 수렴청정에서 해제된 상황이므로 정무를 친히 재가하는 데 있어 따로 절차가 필요 없었다. 대원군은 할 수 없이 병을 칭하고 운현궁을 떠나 자하문 밖 산장으로 물러났다.

대원군이 실각한 후 명성황후는 고종을 움직여 강화도 조약을 맺는 등 개화 정책을 추진하였다. 그러나 여기에는 많은 진통이 따랐다. 비록 대원군이 하야했지만 그의 정치 생명이 완전히 끊어진 것도 아니었기 때문이다. 그는 역사적인 고비 때마다 등장하여 명성황후를 위협하었다.

한편 명성황후가 러시아와 손을 잡고 일본을 추방하려고 하자 일본은 위기감을 느꼈다. 이후 일본 정부의 사주를 받은 주한 일본공사 미우라 고로는 1895년 10월 8일 일본 자객들을 궁중에 잠입시켜 명성황후를 시해했다. 이들은 명성황후의 시신을 궁궐 밖으로 옮겨 불에 태웠는데, 이를 을미사변이라 칭한다.

명성황후는 그 뒤 폐위되었다가 같은 해 10월에 복호復號되었으며, 1897년 명성明成이라는 시호를 받게 된다. 1897년 11월 국장國葬으로 홍릉洪陵에 안장되었다.

* 1895년 10월 8일 '일본의 낭인들, 명성황후를 시해하다' 참조
* 1897년 11월 22일 '명성황후의 국장이 거행되다' 참조

—

1865년 3월 6일

조선, 의정부 청사 중수 착공

—

고종 2년(1865)에 이르러 의정부 청사의 중수가 논의되기 시작하였다. 의정부는 영의정과 좌 · 우의정을 수반으로 하여 문무백관을 통솔하는 조선 시대 최고의 정부 기관이었다. 그러나 임진왜란을 겪은 후에도 새로 짓지 못하여 기울고 무너져 초라하기 그지없었다.

고종이 즉위한 후 의정부에서는 청사 중건에 대한 의논이 시작되었다. 처음에는 일부분만 중수하기로 하였다. 그러나 수렴청정을 하던 조대비의 전교로 1865년 3월 6일 경복궁 중건과 발맞추어 대대적으로 공

사가 진행되었다.

한편 그 즈음 비변사를 의정부에 합부하는 등 의정부의 권한을 회복하는 조치도 이루어졌다. 경복궁 광화문 왼쪽에 자리 잡은 의정부 청사의 중수는 당시 국가의 체면을 살리는 일이었기 때문이다.

1926년 3월 6일

「동아일보」, 2차 무기 정간 조치

1926년 3월 6일 총독부는 「동아일보」에 두 번째 정간 조치를 취하였다. 이것은 국제농민본부가 조선 농민에게 보낸 전문電文을 실은 것을 빌미로 행해진 조치였다.

「동아일보」의 주필이었던 송진우에게는 징역 6개월, 발행 겸 편집인 김철중에게는 금고 4개월이 선고되었다. 이 무렵 총독부는 언론에 대해 행정과 사법 처분을 동시에 내리는 등 갖은 탄압 정책을 자행하였다.

3월의
모든 역사

3월 7일

■
·
■

1956년 3월 7일

경주 박물관, 금관을 도난당하다

1956년 3월 7일 경주 박물관에 관람객을 가장한 범인이 침입하여 진열된 금관을 훔쳐 달아났다. 이 금관은 국보적 가치가 있는 신라 시대의 유물로 금관총에서 출토된 것이었다. 다행히 도난당한 금관은 모조품이었다.

이 금관이 모조품이라는 사실이 신문을 통해 알려지자 범인은 모래밭 깊숙이 파묻어 버렸다. 얼마 후 범인은 검거되었지만 그가 묻은 모조 금관은 끝내 찾지 못하였다.

1956년 3월 7일 경주 박물관에 전시되어 있던 금관 하나가 감쪽같이 사라졌다. 이 금관은 국보적 가치가 있는 신라 시대의 유물로 금관총에서 출토되었다. 범인은 대낮에 관람객을 가장하여 잠입해 있다가 밤이 되자 물건을 훔쳐간 것이다.

사건 자체로 보면 충격적인 일이었지만 다행히 그것은 모조품이었다. 만일을 위해 만들어 놓은 모조품을 범인이 진품으로 착각한 것이다. 사실 전문가가 아니더라도 한눈에 모조품임을 식별할 수 있다고 하는데 범인은 황금빛에만 현혹되었던 모양이다.

경주 박물관 측은 사건이 터진 후 도난당한 금관이 가짜임을 밝혔고 언론도 이를 그대로 보도했다. 이때 범인은 부산 방면으로 도망가려고 경주역에서 기차를 기다리고 있었다. 마침 신문 기사를 읽고는 자신이 훔친 금관이 모조품임을 알았다. 하지만 그는 경찰에 자수하지도, 물건을 박물관에 돌려보내지도 않았다. 그는 곧장 인근 서천으로 가서 모래를 파고 거기에 문제의 모조 금관을 묻어 버렸다.

경찰의 추적 끝에 범인은 검거되었고 얼마 지나지 않아 모든 행위를 자백하였다. 그러나 모래사장에 묻었다는 모조 금관은 끝내 찾아내지 못하였다.

신라 시대에 제작된 금관은 도난당한 이 금관 외에도 천마총과 황남대총에서 출토된 금관 등이 더 있다. 그중 천마총 금관은 무덤에 묻힌 사람이 쓰고 있던 그대로 발견되었다.

신라의 지배층은 금으로 만든 장신구들을 많이 사용했는데 특히 금관은 권위의 상징이었다. 신라 금관은 양쪽에 사슴뿔 모양으로 솟은 장식과 그 가운데 출出자 모양으로 솟은 장식을 기본으로 한다. 여기에 많은 곡옥과 달개 장식 그리고 귀고리 모양의 드리개 등이 달려 있다. 이

러한 양식은 중국이나 일본에서는 찾아볼 수 없는 신라 금관만의 특색
이다. 이 때문에 신라 금관의 기원에 대해서는 논란이 많다.

자주 거론되는 주장 가운데 하나는 시베리아 기원설이다. 시베리아
샤먼의 관에 달린 사슴뿔 모양의 장식과 드리개 등이 신라 금관과 거의
같다는 것이다. 하지만 시베리아 샤먼의 관은 대개 18, 19세기에 만들
어졌다는 점에서 설득력이 떨어진다.

흑해 동북쪽에서 나온 사르마티아 금관과 연결시키는 주장도 있다.
이 금관은 한국에서 개최된 '스키타이 황금전'에도 전시되어 주목을 받
았다. 그러나 세부 형태는 신라 금관과는 상당한 차이를 보인다.

그런데 과연 금관은 누가 썼을까. 당연히 권력의 정상에 위치한 왕이
썼을 것이다. 하지만 왕만 쓴 것도 아니다. 황남대총 금관은 여자가 묻
혀 있던 북쪽 무덤에서 나왔다. 무덤의 주인이 여왕이라고 볼 수도 있
지만 무덤이 축조된 5세기 신라에는 여왕이 없었다. 게다가 '부인대'라
는 글자가 새겨진 허리띠가 함께 나와 남자의 부인임을 말해 준다. 그
렇다면 왜 왕이 묻혀 있던 남분에서는 금관이 나오지 않았는지 의문이
다. 실제로 남분에서는 금관이 아니라 은관과 금동관만 나왔다.

일부에서는 시차로 인한 문화적 차이를 그 이유로 제시하였다. 즉 왕
이 묻힐 당시에는 금관이 사용되지 않았거나 무덤에 넣지 않았다는 것
인데 후일 왕비가 죽었을 때 풍습에 변화가 왔다는 것이다.

한편 금령총에서도 작은 금관이 나왔는데, 이 무덤에는 10세 전후의
아이가 묻혔던 것으로 파악되었다. 5, 6세기 신라에서 이렇게 일찍 죽
은 왕은 없었다. 아마도 요절한 왕자의 무덤이었을 것이다.

이로 보아 금관은 왕과 왕비 그리고 왕족까지도 착용이 가능했던 것
으로 볼 수 있다. 다만 고분에서 나오는 금관이 일상생활에서 늘 사용

되었다고는 생각하지 않는다. 중요한 행사 때에만 썼거나 아니면 무덤에 넣기 위해 특별히 제작한 것으로 추측해 볼 수 있다.

어쨌든 신라의 금관은 권위의 상징이기도 했지만 당시 공예 기술의 수준을 잘 보여 주는 아름다운 예술품이다.

1399년 3월 7일

조선, 개성으로 도읍 이전

1399년 3월 7일 정종 즉위 원년, 조선은 새 도읍지 한양을 떠나 송도(개성의 옛 이름)로 천도하였다. 개성 천도는 2월 15일 정종이 생모 신의왕후의 제릉에 참배하기 위해 개성에 다녀온 후 결정되었다. 왕자와 종친이 모두 따랐고 관청은 절반으로 나뉘어 반은 떠나고 반은 한양에 남았다.

태조 이성계가 조선 왕조 창건과 동시에 곧바로 착수한 것은 새 도읍지를 마련하는 것이었다. 그리하여 태조 3년 10월 새 수도 한양으로 서둘러 도읍을 옮겼다. 한양으로 옮긴 뒤 궁궐의 낙성과 도성의 수축 등 도읍 시설이 차례로 갖추어지면서 조선은 정치적으로나 사회적으로 차츰 안정되었다.

그러나 1398년 제1차 왕자의 난이 일어나자 왕실과 조정은 큰 혼란에 휩싸였다. 태종 이방원이 정도전을 포함한 개국 공신들을 살해하고 방석과 방번을 죽이는 등 골육상쟁을 자행한 것이다. 이러한 변란으로 누구보다도 고통스러운 것은 태조였다. 그는 그해 9월 정종에게 왕위를 물려주었다.

이런 상황에서 왕위에 오른 정종은 이복동생들이 무고하게 살육당한 경복궁이 싫었다. 또한 아버지 상왕이 원한을 간직한 채 물려준 자리 또한 편치 않았다. 정종은 제릉 참배를 마치고 옛 수도 개경에서 한양으로 돌아왔다. 이어 서운관의 상소가 올라오자 종척 및 공신들과 의논하여 개경으로의 천도를 결정하였다. 그것은 정종의 심정이기도 하였고 옛 수도 개성으로 돌아가고 싶어 하는 관민들의 뜻이기도 하였다.

그러나 1400년 즉위한 태종은 다시 한양으로의 천도를 계획하였다. 그리고 즉위 5년 10월 8일 개성을 떠나 한양으로 향했으니 개경 천도 후 7년 만의 환도였다. 이렇듯 거듭된 천도는 당시 정치적·사회적 혼란이 어느 정도였는지를 짐작케 한다.

* 1393년 2월 15일 '국호를 조선으로 정하다' 참조

—

1451년 3월 7일

조선의 문종, 화차 창안

—

우리나라는 기병 중심의 북방 이민족에 대항하기 위하여 고려 시대부터 전차를 제작하여 사용하였다. 그러다가 조선 초기 화약 무기가 전래되자 이 전차에 화약 무기를 장착한 화차火車를 제작하기 시작하였다.

조선 시대에는 5종의 화차가 있었는데, 첫 번째는 1409년 최해산이 아버지 최무선의 뒤를 이어 연구하여 완성한 것이다. 이것은 작은 수레에 철로 만든 날개를 달고 수십 개의 총을 실어 발사하도록 만든 것이었다.

두 번째 화차는 1451년 3월 7일 문종이 손수 창안한 것이다. 문종은 세자 때부터 화차에 관심을 가져 연구를 계속하였고 마침내 즉위할 당시 완성시켰다. 이것을 문종 화차라고 불렀는데, 왕이 직접 발명한 것은 물론 대량으로 제작해 사용했다는 점이 주목을 끈다. 첫 해에만 약 700대 이상 제작되어 전국에 배치되었다.

이 화차는 2명이 끌게끔 설계되었는데 수레의 차체 아래에 작은 기둥을 세우고 그 밑에 바퀴를 부착시켰다. 발사 각도는 43°로 사정거리를 최대한 길게 만들었다는 것이 특징이다.

—
1995년 3월 7일

한국 최초의 안과 의사 공병우 박사 별세

—

1995년 3월 7일 한국인 최초의 안과 의사이자 한글 타자기 발명자 공병우 박사가 별세하였다. 그는 "내가 죽거든 장기는 모두 기증하고 누구에게 알리지도 말고 장례식도 치르지 마라."는 유언을 남겼다. 그래서 하루가 지난 뒤에야 그의 죽음이 세상에 알려졌다.

공병우 박사는 평안북도 벽동군 출신으로 1926년 의과대학도 다니지 않은 채 조선 의사 검정시험에 합격한 최초의 안과 전문의이다. 그는 1938년 공안과 의원에 눈병 치료를 받으러 온 한글학자 이극로를 만난 것을 계기로 한글 사랑과 한글 기계화 운동에 헌신하기 시작하였다.

광복 후 일본 책『신소안과학』을 우리말로 옮기는 과정에서 한글 타자기의 필요성을 느끼게 되어 타자기 개발에 착수하였다. 마침내 1949년 한글이 가로로 찍히는 세벌식 타자기 발명에 성공하였다. 이 타자기로 한국 최초로 미국의 특허를 받았다. 그 후 한글 타자기는 군대와 행정 부처에 두루 보급되어 유용하게 쓰였다.

　국민훈장석류장, 은관문화훈장 등을 받았으며 사후 금관문화훈장이 추서되었다. 저서에는 『나는 내 식대로 살아왔다』『소안과학』『공병우 사진첩』 등이 있다.

3월의
모든 역사

3월 8일

■
■
■

1866년 3월 8일

천주교 탄압령으로
프랑스 신부 베르뇌가 순교하다

요사이 서양 오랑캐의 일은 일대 변괴가 아닐 수 없다. 수만 리 밖에서 온 흉종괴류(프랑스 선교사)들이 함부로 출입하면서 사술을 자행하고 있다. 이리하여 나라를 원망하고 희망을 잃은 무리들이 함께 모여서 인륜을 무너뜨리고 우리의 풍속을 더럽히고 있다. 이는 천도로도 용서받지 못하고 왕장으로도 봐줄 수 없는 소행이다. 이들을 차례대로 잡아들여 빠짐없이 척결하라.

-『승정원일기』 권 2

천주교는 베이징을 왕래하던 조선 사신들에 의해 '서학'이라는 이름으로 우리나라에 전래되었다. 그러나 유교가 뿌리 깊게 자리 잡은 조선에서 천주교의 수용은 그리 쉬운 문제가 아니었다. 당시 천주교는 조상에 대한 제사를 금지하고 만인이 평등하다고 주장했기 때문이다.

그러나 1784년 동지사의 일원으로 베이징에 갔던 이승훈은 정식으로 천주교 신자가 되었고, 프랑스 예수회의 그라몽 신부로부터 영세를 받았다. 세례명은 베드로였는데 한국 역사상 최초였다. 이승훈은 교리서, 십자가상 등을 갖고 귀국하여 이벽 등과 함께 천주교회를 창설하였다. 이때부터 조선에는 천주교가 본격적으로 유포되기 시작하였다.

윤지충이 천주교식으로 모친상을 치른 것이 드러나면서 천주교는 공공의 적이 되었다. 그리고 서학에 호의적이었던 정조가 사망하자 본격적으로 천주교 탄압이 시작되었다. 신유사옥과 기해사옥이 대표적이다.

이런 박해 속에서도 1845년에는 김대건이라는 우리나라 최초의 신부가 탄생하였다. 또 교세도 꾸준히 확장되어 대원군이 집권할 무렵에는 신자가 2만여 명에 달하였다. 또한 베르뇌를 비롯한 12명의 프랑스 신부가 입국하여 조선 내에서 활발한 전도 활동을 벌였다.

처음에 흥선 대원군은 천주교에 비교적 관대한 입장이었다. 부인 민씨와 고종의 유모였던 박씨가 독실한 천주교 신자였다는 사실이 이를 증명한다. 민씨는 아들이 왕위에 오르자 감사의 뜻으로 베르뇌 주교에게 특별 미사까지 청했는데 대원군이 이를 모를 리 없었다.

그러므로 대원군이 천주 교도인 남종삼의 계책을 받아들여 영국과 프랑스 세력을 이용해 러시아의 남하를 막아보고자 한 것은 이상한 일이 아니었다. 대원군은 "만약 프랑스 선교사들이 러시아를 쫓아낼 수 있다면 천주교의 자유를 보장하겠다."는 파격적인 발언도 서슴지 않았다. 그러나 베르뇌 주교는 선교사는 정치에 관여할 수 없다며 대원군의 계획을 거절하였다. 이에 대원군은 이이제이以夷制夷의 계책을 거두었다.

비로소 역풍이 불기 시작하였다. 러시아의 위협이 기우였다고 판단했던 대원군은 천주교 박해로 입장을 바꾸었다. 이후 선교사들은 단순히 포교만 하는 것이 아니라 사회 불안을 조성하는 세력으로 간주되었다. 이미 황사영 백서 사건으로 천주 교도는 외세를 끌어들이려는 집단으로 인식된 상태였다. 여차하면 바깥의 세력과 내통하여 조선에 해를 끼칠 내부의 적이라는 것이었다. 이 때문에 당시 고종은 물론 대부분의 관리들이 천주교를 증오하고 있었다. 때마침 청나라에서도 천주교를 탄압한다는 소식이 전해졌다.

1866년 정월, 드디어 대원군은 천주교에 대대적으로 탄압을 가하였다. 로마 시대에 황제 숭배를 거부했다는 명목으로 크리스트교를 박해한 것과 다르지 않았다. 먼저 베르뇌 주교의 하인인 이선이와 명망 있던 신자 전장운 등을 체포하는 것으로 포문을 열었다. 계속하여 베르뇌 주교를 비롯한 프랑스 신부 9명과 남종삼, 그리고 수많은 신자들을 체포하였다. 이렇게 시작된 박해는 서울을 벗어나 지방까지 확산되었고 이후 7년간 계속되었다.

대원군은 이때 잡혀 온 베르뇌 주교를 직접 심문하면서 천주교를 버리고 개종할 것을 강요하였다. 개종과 목숨을 맞바꾸라는 것이었다. 그러나 베르뇌 주교는 천주교의 진리를 위해 죽는 것은 당연한 도리라면서 개종을 거부하였다.

결국 대원군은 1866년 3월 8일 노량진 백사장에서 그를 처형하였다. 소위 병인사옥으로 불리는 이 박해로 무려 8,000명 이상의 천주 교도가 학살되었다. 이때 살아남은 3명의 프랑스 신부 중 리델은 조선을 탈출하여 중국으로 도망갔다. 그리고 로즈 제독을 만나 사건의 전말을 보고하면서 조선에 대한 보복을 요구하였다. 이로써 병인양요의 서막이 열렸다.

* 1866년 9월 18일 '프랑스 함대, 강화도 침범' 참조

—

725년 3월 8일

상원사 동종 완성

—

신라 성덕왕 24년인 725년 3월 8일, 상원사 동종(국보 36호)이 완성되었다. 이 종은 현존하는 동종 가운데 가장 오래된 것으로, 성덕대왕 신종과 더불어 우리나라에 남아 있는 신라 시대 범종 2구 중 하나이다.

상원사 동종은 높이 167cm, 입지름 91cm로 종 몸체 위와 아래의 끝부분이 안쪽으로 좁혀져 있어 고풍스러운 모습이다. 동종 맨 위의 종을 매다는 용뉴에는 용 한 마리가 고리를 이루고 있으며, 소리의 울림을 도와주는 음통은 연꽃과 덩굴무늬로 장식되어 있다. 종 몸체의 위아래에 돌려져 있는 넓은 띠와 사각형의 유곽은 구슬 장식으로 테두리를 하였다. 그 안쪽에 덩굴을 새긴 다음 드문드문 1~4구의 악기를 연주하는 주악상을 두었다. 네 곳의 유곽 안에는 세 줄로 된 연꽃 모양의 유두 9개가 솟아 있다. 종 몸체의 중간 부분에는 구름 위에서 무릎을 꿇고 악기를 연주하는 비천상을 새겨 종의 아름다움을 더해 주었다.

이 동종은 세련된 외관과 더불어 고도의 주조 기술을 보여 준다. 구리 83.87%, 주석 13.26%, 납 2.12% 등이 함유되어 있는데, 주석은 종의

강도를 높이는 역할을 하는 것으로 알려져 있다.

1388년 3월 8일

최영, 팔도도통사 임명

고려의 공민왕은 일찍이 노쇠해져 가는 원과의 관계를 끊고 대륙의 신흥 세력으로 떠오른 명과 새로운 외교 관계를 열었다. 그러나 안으로는 김용, 최유 등이 반란을 일으켰고, 밖으로는 왜구와 홍건적들이 쳐들어와 나라의 안위는 풍전등화와 같았다.

이러한 시대에 무장이자 문신이었던 최영은 수많은 싸움터를 누벼야 했다. 홍건적을 두 번이나 물리쳤으며, 1354년에는 원나라에 속했던 압록강 서역 8참을 수복했다. 또 전라도와 강화도, 심지어 수도인 개경에까지 창궐하는 왜구를 토벌하였다. 이러한 공로로 최영은 수문하시중을 맡게 되면서 고려의 실세로 부상하였다.

그러나 공민왕의 친명 정책은 곧 한계에 부딪혔다. 명나라에서 많은 물자의 공납을 요구해 왔던 것이다. 조정에서는 다시 원나라와의 관계를 강화해야 한다는 목소리가 높았고, 공민왕이 죽고 우왕이 즉위하자 친원 정책은 더욱 두드러졌다. 1388년 3월 명나라는 원나라가 설치하였던 쌍성총관부 관하 지역을 영유하기 위하여 철령위를 설치하겠다고 고려에 통고하였다. 이에 우왕은 명나라와의 싸움을 결심하였다.

1388년 3월 8일 요동 정벌을 계획한 고려의 우왕은 최영을 팔도도통사로 삼았다. 그리고 조민수를 좌군도통사, 이성계를 우군도통사로 삼아 함께 군대를 이끌고 출정하게 하였다. 그러나 요동 정벌은 이성계가 조민수를 설득하여 압록강 위화도에서 회군함으로써 실패로 끝났다. 이성계는 친명 신흥 세력으로 애초부터 요동 정벌을 반대하였던 것이다. 최영은 회군하여 개성에 이르러 이성계에게 붙잡혀 고봉현으로 유배되었다가 개경에서 참형되었다.

결국 우왕의 요동 정벌 시도는 고려의 멸망을 재촉하고 말았다.

* 1388년 4월 18일 '고려의 최영 장군 요동 정벌에 나서다' 참조
* 1388년 5월 22일 '이성계, 위화도 회군으로 실권을 장악하다' 참조

—

1990년 3월 8일

남북 오누이 한필성 · 한필화 극적 상봉

—

1990년 3월 8일 제2회 동계 아시아 경기 대회가 열린 일본 삿포로에서 남한의 한필성과 북한의 한필화 남매가 극적으로 만나 1,000만 이산가족의 심금을 울렸다. 이날 한필화는 북한 선수단 임원으로 대회에 참가하였고, 한필성은 누이를 만나기 위해 삿포로로 갔다. 이로써 40년 만에 이산가족의 한을 풀게 된 것이다.

한필성은 고향 진남포에서 1950년 단신으로 월남하였고 그의 가족은 모두 북에 있었다. 사실 이들 남매의 만남은 1971년 2월 일본 삿포로 동계 올림픽 때에 이루어질 수도 있었다. 당시 한필화는 북한 스피드 스케이팅 대표 선수로 출전하였다. 이때 일본 「아사히 신문」의 주선으로 국제 전화 끝에 한필성이 도쿄로 달려갔으나 남북한 당국 간의 의견이 엇갈려 이들 남매의 상봉은 결국 무산되고 말았다.

3월의
모든 역사

3월 9일

■
·
·
·
■

2000년 3월 9일

김대중 대통령, '베를린 선언'을 발표하다

존경하는 피터 게트겐스 총장, 존경하는 교수 및 내외 귀빈, 그리고 친애하는 학생 여러분!

나는 먼저 이 자리를 빌려 폐허와 분단을 딛고 일어서서 오늘의 번영과 통일의 위대한 역사를 창조한 독일 국민에게 마음으로부터 경의와 축하를 드리고자 합니다. 이러한 심정을 간직하면서 오늘이 유서 깊은 베를린 자유 대학의 교수 및 학생 여러분과 더불어 '독일 통일의 교훈과 한반도 문제'라는 주제 아래 대화를 갖게 된 것을 매우 뜻깊게 생각합니다. 그리고 여러분의 우정 어린 환영에 대하여 깊이 감사드립니다.

독일과 한국 양국은 전쟁과 민족 분단의 쓰라린 고통과 경험을 함께 가지고 있습니다. 또한 이러한 시련 속에서도 여러분은 '라인 강의 기적'을, 우리는 '한강의 기적'을 이룩하였습니다.

- 김대중, 베를린 선언 연설문

　김대중 대통령은 독일을 국빈 방문 중이던 2000년 3월 9일 베를린 자유 대학에서 한반도 평화와 남북통일을 위한 '베를린 선언'을 발표하였다.

　이 선언문에서 김 대통령은 냉전 상태의 종식과 이산가족 문제의 조속한 해결을 촉구하였다. 또한 남북한의 대화를 재개하고 특히 남북 정상 회담을 성사시키려는 목적을 갖고 있었다. 연설문의 주요 내용은 다음과 같다.

　첫째, 남북한이 본격적인 경제 협력을 실현하기 위해서는 통신, 전력, 도로 등의 사회 간접 자본이 확충되어야 하며 이를 위해서는 정부 당국 간의 긴밀한 협력이 필요하다.

　둘째, 현 단계에서 우리의 가장 큰 목표는 냉전 종식과 평화의 정착이다.

　셋째, 북한은 인도적 차원의 이산가족 문제 해결에 적극적으로 나서야 한다.

　넷째, 여러 제반 문제들을 해결하기 위하여 남북한 대화가 절실히 필요하다. 이를 위해 특사를 교환할 것을 제안하며 북한은 이에 응할 것을 촉구하는 바이다.

　위의 내용은 이미 수차례 북한에 제안하였던 것으로 북한은 베를린 선언 이후 정상 회담 개최 의사를 밝히는 등 긍정적으로 반응하였다.

　2000년 3월 17일 중국 상하이에서 남북 간 첫 만남이 성사되었다. 이후 베이징에서 여러 차례 비공개 협의를 거쳐 4월 8일 최종 합의서를 작성하였다. 이 합의서에 따라 역사적인 남북 정상 회담이 이루어지게 된 것이다.

정상 회담은 2000년 6월 13일부터 15일까지 김정일 국방위원장의 초청으로 이루어졌다. 이로써 1945년 이후 55년 만에 처음으로 남북한의 정상이 직접 마주하게 되었다.

김 대통령은 2박 3일간 평양에 머무르며 마침내 '6 · 15 남북 공동 선언'을 발표하고 개성 공단 설립에 합의하였다. 이 회담은 민족의 화해와 단합, 한반도의 통일과 평화 정착 등 냉전의 종식과 협력을 골자로 하였다. 6 · 15 남북 공동 선언 5개조의 내용은 다음과 같다.

1. 남과 북은 나라의 통일 문제를 그 주인인 우리 민족끼리 서로 힘을 합쳐 자주적으로 해결해 나가기로 하였다.
2. 남과 북은 나라의 통일을 위한 남측의 연합 제안과 북측의 낮은 단계의 연방 제안이 서로 공통성이 있다고 인정하고, 앞으로 이 방향에서 통일을 지향하기로 하였다.
3. 남과 북은 8 · 15 즈음하여 흩어진 가족, 친척 방문단을 교환하며 비전향 장기수 문제를 해결하는 등 인도적 문제를 조속히 풀어 나가기로 하였다.
4. 남과 북은 경제 협력을 통하여 민족 경제를 균형적으로 발전시키고 사회, 문화, 체육, 보건, 환경 등 제반 분야의 협력과 교류를 활성화하여 서로의 신뢰를 다져 나가기로 하였다.
5. 남과 북은 이상과 같은 합의 사항을 조속히 실천에 옮기기 위하여 빠른 시일 안에 당국 사이의 대화를 개최하기로 하였다.

이후 김대중 정부는 대북 정책 방향의 기조를 봉쇄나 압력 등의 강경 정책에서 교류 협력 방안으로 개선하는 이른바 '햇볕 정책'을 실시하였다.

베를린 선언 자체는 이미 기존의 제안과 내용상 크게 다른 것은 아니었다. 그러나 베를린 선언에 북한이 반응하여 남북 정상 회담 개최로 나아갔다는 점에서 큰 의의를 갖게 된 것이다.

* 2000년 6월 13일 '김대중 · 김정일 남북 정상 회담 개최' 참조
* 2003년 2월 5일 '금강산 육로 관광 50년 만에 재개' 참조

1995년 3월 9일

한반도에너지개발기구 설립

1995년 3월 9일 뉴욕에서 한반도에너지개발기구KEDO가 설립되었다. 한반도에너지개발기구는 북한에 대한 경수형 원자로 제공 사업을 주관하는 국제기구로, 이날 유엔 주재 미 대표부에서 설립 협정 서명식을 갖고 공식 출범하였다. 창립 회원국인 한국 · 미국 · 일본 3국의 대표는 서명식에 이어 첫 집행 이사회를 개최하고 본격적인 활동을 시작하였다. 주요 결정은 집행 이사국인 3국의 전원 합의로만 내려지도록 규정되었다.

한반도에너지개발기구는 1994년 제네바에서 체결된 미국과 북한의 합의문 이행과 북한에 대한 한국 표준형 경수로 지원 및 자금 조달을 추진하기 위한 목적으로 설립되었다. 경수로란 경수를 감속재와 냉각재로 사용하는 동력용 원자로로, 북한의 핵개발을 저지하기 위하여 대체 원자로로 제공되는 것이다.

경수로 건설 공사는 2008년 완공을 목표로 한반도에너지개발기구의 주관 아래 함경남도 신포와 금호 지구에서 시작되었다. 그러나 2002년 11월, 북한이 농축 우라늄을 개발하고 있다는 보고서가 발표되었다. 이에 집행 이사회는 대북 중유 공급을 중단하였다. 그러자 북한은 2002년 12월 IAEA 조사원들을 영변에서 추방하고 핵확산금지조약에서 탈퇴하였다.

그 후 집행 이사회는 경수로 사업을 연기하였고, 2006년 1월 개발 인력을 모두 철수시켰다. 또한 2006년 5월 31일에는 북한이 협정에 명기된 절차를 이행하지 않았다는 이유로 경수로 사업 종료를 결정하였다.

2002년 3월 9일

걸레 스님 중광 타계

2002년 3월 9일 걸레 스님으로 알려진 중광이 지병으로 타계하였다. 그는 평생 "나는 걸레다." "내 생활 전부가 똥이요, 사기다."라고 외치며 파격으로 일관한 자유인이었다.

그의 속명은 고창률高昌律로 1934년 제주도에서 태어났다. 1960년 경상남도 양산 통도사로 출가하였지만 불교의 계율에 얽매이지 않는 기행 때문에 1979년 승적을 박탈당하였다. 그러나 승적을 박탈당한 후에도 계속 승복을 입고 머리카락을 삭발하고 지내는 등 모든 경계에 얽매이지 않았다.

특히 그는 선화禪畵의 영역에서 독보적인 지위를 차지하였다. 그의 예술 세계와 필치는 외국에서 먼저 인정받았다. 1977년 영국 왕립 아시아 학회, 1980년 버클리 대학, 1983년 록펠러 재단 등에서 선화와 선시를 발표하며 주목 받았다.

그의 다비식은 3월 13일 양산 통도사에서 열렸다. 저서로는 시인 천상병, 소설가 이외수와 함께 펴낸 『도적놈 셋이서』를 비롯하여 『허튼소리』『벙어리 절간 이야기』 등이 있다.

—

1977년 3월 9일

카터 대통령, 주한미군 철수 언명

—

1977년 3월 9일 미국의 카터 대통령은 박동진 외무부 장관과의 회담에서 주한미군 철수 계획을 발표하였다. 1976년 대통령 선거에 출마하여 내세웠던 공약을 실현하기로 했음을 밝힌 것이다.

주한미지상군 철수는 4~5년간 단계적으로 이루어지며 철수 일정은 한국과 협의할 것이지만 미 공군은 계속 주둔할 것임을 밝혔다.

그러나 이 계획은 1981년 2월 3일 미국을 방문한 전두환 대통령과 레이건 대통령과의 정상 회담에서 백지화하기로 합의하였다.

—

1962년 3월 9일

정부, 해외 이주법 공포

—

1962년 3월 9일 정부는 법률 1030호로 해외 이주법을 공포하였다.

해외 이주법은 해외 이주를 하는 자의 편의를 도모해 이주 절차가 원

활히 이루어질수 있도록 한 것이다. 이 법은 전문 17조와 부칙으로 되어
있다.

　이 법이 공포됨에 따라 정부는 이주 대상국인 브라질에 시찰단을 파
견하여 현지 조사를 마쳤다. 이후 정식 교섭을 거쳐 이주민을 모집하였
다. 우리나라는 1904년부터 1906년 사이에 중남미 멕시코에 약 400여
명, 하와이에 3,000여 명 정도의 국민이 이주한 적이 있었다. 그러나 대
한민국 건국 이후의 이주는 처음이었다.

3월의
모든 역사

3월 10일

■
·
■

1776년 3월 10일

정조가 즉위하다

"……전교를 내리노라. 과인은…… 세손에게……."

벌떡!

불기둥처럼 솟구친 정적들은 전교를 받아 적는 승정원 승지를 향해 몇 걸음 몰려들었다.

"막아라……."

영조가 명했다.

척!

처소에 빽빽하게 서 있던 상군과 협련군의 창칼이 정적들을 향해 동시에 겨누어졌다. 혜빈과 홍봉한은 소리 없는 안도의 숨을 내쉬며 왕의 다음 말을 기다렸다.

"……과인은 세손에게 전위를 명하노라."

영조의 힘겨운 전교가 승지의 붓에 의해 문서로 남겨졌다. 승지가 붓을 내려놓고 유지를 들고 와 영조에게 보였다. 영조는 힘없이 고개를 끄덕인 뒤 침상 머리맡에 간직하던 어보御寶를 가져오게 했다.

꾸욱…….

붉은 인주가 묻은 시명지보施命之寶가 유지에 선명하게 찍혔다. 드디어 산이 영조를 이어 어좌에 오르는 순간이었다.

끄응!

낯짝이 처참하게 구겨진 정적들은 탄식 섞인 숨을 토했다.

"아아……!"

산을 제외한 측근들의 얼굴은 환해졌다. 하지만 산은 슬픈 눈길로 헐떡거리는 영조를 보았다. 의식이 들기 전보다 급격히 창백해진 할아비는 앉아 있는 것조차 힘에 부쳐 하는 기색이 역력했다. 손자의 애처롭고 서글픈 표정을 잠시 응시하던 영조는 마지막 기운을 끌어 올렸다.

"……세손만 남고 모두들 물러가라. 상군과 협련군은 침소 밖으로 나가 아무도 들이지 말라."

왕위를 잇게 된 산을 공격하지 못하도록 영조의 숨이 끊어지는 그 순간까지 보호하고자 하는 성의였다.

- 김이영 원작, 류은경 소설 『이산 정조대왕』

사도 세자는 조선 역사상 가장 불행한 세자로 손꼽힌다. 아무리 권력
이 비정하다지만 아버지가 아들을 뒤주 속에다 넣고 굶겨 죽인 것은 실
로 상상하기 어려운 일이다. 사도 세자가 뒤주 속에서 비참하게 죽은
것은 흔히 정신병과 여러 비행 때문이라고 알려져 있는데, 혜경궁 홍씨
가 기록한 『한중록』에서 그 내용의 일단을 볼 수 있다. 그러나 이 죽음
의 핵심적인 원인은 노론과 소론의 치열한 권력 다툼 때문이라고 보는
이들도 많다.

정조는 바로 사도 세자의 아들이었다. 아버지가 대역죄로 몰려 죽었
지만 세손인 정조는 영조의 사랑으로 폐출을 면하였다. 이것은 영조가
정조를 후계자로 인정한다는 의미였다. 하지만 사도 세자가 당쟁의 희
생물이 되었던 만큼 정조의 삶 또한 항상 위협 속에 있었다. 그러나 홍
국영 등의 도움으로 여러 차례 위기를 넘기게 되었고, 1776년 3월 5일
영조가 승하하자 마침내 왕위에 오르게 되었다.

1776년 3월 10일 즉위하자 정조는 자신이 사도 세자의 아들임을 분
명히 밝혔다. 당시 정조는 요절한 효장 세자의 아들로 입적되어 있었
다. 왕위 계승자를 대역 죄인인 사도 세자의 아들로 놔둘 수는 없었기
때문이다. 그러므로 정조가 사도 세자의 아들임을 천명했다는 것은 시
사하는 바가 크다. 이것은 비운에 죽은 사도 세자를 복권하고 아울러
죽음에 대한 진상을 밝혀 관련자들을 처벌하겠다는 의지였다.

정조는 먼저 사도 세자의 묘에 관리자를 배치하고 이름도 수은묘에
서 영우원으로 높였다. 그리고 외척들에게 칼을 대기 시작하였다. 사도
세자의 죽음에 외조부 홍봉한의 역할이 컸다고 보아 외삼촌들까지도
모두 죄를 물어 죽였다. 이로 인해 당대 명문이었던 풍산 홍씨 가문은
순식간에 쑥대밭이 되었다. 아버지의 억울한 죽음에 대한 일종의 복수

였다.

한편 정조는 규장각을 설치하여 당파에 오염되지 않은 관리를 양성하고자 했다. 말하자면 친위 세력을 형성하고자 한 것이었는데 워낙 주위에 반대파들의 세력이 컸기 때문이었다. 심지어 궁중으로 자객이 난입해 정조를 암살하려는 사건까지도 발생했다.

정조는 자신의 독자적인 군사 기반을 마련하고자 새로이 장용영壯勇營도 설치하였다. 훈련도감과 같은 군사 기구는 사실상 노론의 손아귀에 있었기 때문이다. 정조의 개혁에서 홍국영이 맡은 역할은 대단히 컸다. 하지만 그의 권력이 왕권을 위협하게 되자 정조는 단호하게 수족과 같던 그를 잘라 내었다.

사도 세자가 죽을 때 정조는 어린 소년이었다. 그래도 사건의 대강은 파악하고 있었고 늘 아버지의 죽음에 한이 맺혀 있었다. 이 때문에 그는 이미 죽은 사도 세자에게 평생 동안 지극한 효심을 보였다. 수원에서 의왕 방면으로 넘어가는 '지지대 고개'에 얽힌 이야기는 그것을 잘 말해 준다.

1789년 정조는 사도 세자의 능 이름을 영우원에서 현륭원으로 바꾸고 다시 수원 지역으로 이장하였다. 사실 여기에는 수도를 옮기려는 큰 뜻이 숨어 있었다. 기존의 정치 세력을 천도를 통해 바꾸어 보려는 심산이었다. 화성의 축조는 그 부산물이었다.

수원으로 능을 이장한 뒤 정조는 성묘를 핑계로 해마다 이곳을 찾았다. 그때 지지대 고개에 이르러 능을 바라보면서 "왜 이리 더디느냐?"라고 역정을 내었다.

참배를 마치고 서울로 돌아올 때에는 능을 돌아보고 또 돌아보며 행차를 멈추게 하였다. 고개를 넘으면 다시는 아버지의 무덤을 볼 수 없다는 안타까움 때문이었다. 이에 멀리서나마 아버지의 능을 볼 수 있도록 이 고개에 돌을 쌓고 작은 대를 만들어 '지지대 고개'라 불렀다.

정조는 많은 제도를 개혁하고 문화를 발전시켰다. 그래서 이 시기를 조선의 '르네상스'라 부르기도 한다. 그러나 49세의 나이로 갑작스레 세상을 떠나 일부에서 독살설이 제기되기도 하였다.

정조가 죽은 뒤 정국은 다시 요동을 치며 곧 세도 정치로 넘어가게 되었다. 이것은 시스템이 아닌 정조 1인에 의지한 정치의 근본적인 한계였다고 할 수 있다.

—

1938년 3월 10일

도산 안창호 사망

—

1938년 3월 10일 독립운동가이자 교육자로 평생을 항일 구국 운동에 헌신하던 안창호가 숨을 거두었다.

그는 1878년 11월 9일 평안남도 강서에서 태어나 한학을 공부했다. 선배로부터 신식 학문을 익힌 뒤 1895년 상경하여 구세학당에 입학하였다. 1897년에는 서당 선배인 필대은과 독립협회에 가입하고 평양에 지부를 설치하기 위한 만민공동회를 개최하였다. 이때 평양 지회 결성식에서 처음으로 대중 연설을 하여 민중의 각성을 촉구하였다.

안창호는 교육을 통하여 민족의 힘을 기르고자 하였다. 그 신념에 따라 1899년 초등학교 과정의 점진학교를 설립하여 교육자로서 첫발을 내딛었다. 그의 교육 사상은 교육을 통하여 민족의 혁신을 이루고자 하는 '민족 개조론'이었다. 그는 교육 사상의 실현을 위하여 점진학교에 이어 평양에 대성학교, 난징에 동명학원을 세우고 흥사단 운동을 전개하였다.

1907년에는 구국 비밀 결사 조직인 신민회를 조직하여 민중 운동을 전개하였다. 독립운동에 대한 탄압이 점점 심해지자 1910년 4월 청도를 거쳐 미국으로 망명하였다. 1912년 11월 미국 샌프란시스코에서 대한인국민회 중앙총회를 조직하여 교민의 권익 옹호와 민권 보호를 위해 활동하였다.

1919년 3·1 운동 직후 미주 거주민 대표로 상하이로 건너갔다. 그는 상하이 임시정부 내무총장 겸 국무총리 대리직을 맡아 초창기 임시정부의 기반 조성에 주력하였다. 1926년에는 독립운동 역량을 통합시킬 목적으로 중국 각지를 순회하였고 상하이에서 한국 독립당 결성을 선도하였다.

그러던 중 1932년 4월 윤봉길 의사 폭탄 투척 사건에 연루되었다는 혐의로 체포되어 4년의 실형을 선고받고 2년 반의 옥고를 치렀다. 이후 1937년 6월 수양동우회 사건으로 다시 수감되었다가 건강이 악화되어 병보석 중 사망하였다. 1962년 건국훈장 대한민국장이 추서되었다.

* 1932년 4월 29일 '윤봉길, 상하이 홍커우 공원에서 폭탄을 투척하다' 참조

1864년 3월 10일

동학의 창시자 최제우가 처형되다

1864년 3월 10일 동학의 창시자 최제우가 효수형에 처해졌다.

최제우는 1824년 10월 28일 경주 가정리에서 출생했다. 그의 집안은 몰락한 양반 가문으로 7대조 최진립이 의병을 일으켰다가 순국하여 병조판서로 추서된 이후 다른 후손들은 관직에 오르지 못하였다.

최제우는 10세에 어머니를 잃고 17세에는 아버지마저 잃었다. 이때 아버지의 3년상을 마친 뒤 1844년부터 1854년까지 전국 각지를 유랑하였다. 당시의 유랑 생활은 조선 사회가 갖고 있던 여러 가지 문제들을 생각하는 시간이 되었다.

그는 1854년 고향으로 돌아와 이듬해 한 승려에게 『을묘천서乙卯天書』라는 비서秘書를 얻었다. 1856년 입산 기도를 시작으로 여러 차례 수도를 하였다. 그러다가 1860년 5월 7일 득도하여 동학東學을 창시하게 되었다. 동학은 서학에 대응할 만한 한국의 종교라는 뜻으로, 인내천 사상을 근간으로 하였다.

1861년부터 최제우는 포교를 시작하여 삼정의 문란과 천재지변으로 혼란했던 민심을 파고들어 교세를 급속히 확장하였다. 이듬해 동학사상을 체계적으로 이론화하여 「도수사」 「논학문」 「권학가」를 지었다.

동학의 신도가 계속 늘어나자 전국 각 지방에 접接을 설치하고 접주를 두어 관내를 관장하게 하였다. 1863년 교인은 3,000여 명이었으며 접소는 14곳에 이르렀다. 그러나 관의 주목을 받게 되자 1863년 8월 14일 제자 최시형에게 도통을 전수하여 교주를 물려주었다.

한편 동학의 교세가 경상도, 충청도, 전라도 지방으로 급격히 확산되
자 이에 놀란 조정에서는 동학을 탄압하기 시작하였다. 동학도 서학과
마찬가지로 민심을 현혹시키는 사교邪敎라고 단정했던 것이다.

결국 최제우는 1863년 11월 20일 경주에서 20여 명의 신도와 함께
체포되었다. 그 후 대구 감영에 갇혀 지내다가 사도난정의 죄목으로 처
형되었다. 그의 저술로는 『용담유사』 『동경대전』 등이 있다.

* 1860년 4월 5일 '최제우, 동학을 창시하다' 참조

—

1893년 3월 10일

동학 교도, 대규모 집회 개최

—

최제우가 처형된 후 동학은 2대 교주 최시형을 중심으로 교조 최제
우의 억울함을 벗기고 신앙의 자유를 얻으려는 운동으로 변화하였다.
1892년 7월 공주를 시작으로 11월에는 삼례에서 집회를 열어 교조 신
원과 동학 교도에 대한 수탈을 금지할 것을 해당 관아에 요구하였다.

그러나 만족할 만한 성과를 얻지 못하자 1893년 2월 11일 서울로 올
라갔다. 동학도 40여 명은 광화문 앞에 엎드려 교조 신원 상소를 올렸
으나 거절당하였다. 이에 최시형은 최제우의 기제를 지낸 후 보은의 장
내리로 팔도의 도인들이 모일 수 있도록 통문을 돌렸다.

마침내 1893년 3월 10일 보은 관아의 성문 밖에는 척왜양창의斥倭洋倡
義의 통고문이 나붙었고 조선 팔도의 도인들이 몰려들었다. 3월 말까지
8만여 명이 집회에 참여하였다. 또한 전라도 금구와 경상도 밀양에서

도 수만 명이 모이는 집회가 열렸다.

이때의 집회는 그간의 교조 신원이라는 상소 운동을 넘어 척왜척양의 기치를 내걸어 사회 개혁 운동으로 발전된 형태를 보였다. 당시 반봉건, 반외세 주장은 이후 1894년 동학 농민 운동이 일어나는 데에도 지대한 영향을 끼쳤다.

* 1864년 3월 10일 '동학의 창시자 최제우가 처형되다' 참조

749년 3월 10일

신라, 누각전에 천문박사 배치

신라는 성덕왕 17년인 718년 천체의 운행과 시간 측정 및 물시계 관리를 맡아서 하는 누각을 처음 만들었다. 그리고 이를 관리할 누각전을 설치하고 누각박사 6명과 사史 1명을 두었다.

그 후 경덕왕 8년 749년 3월 10일 누각전에 천문박사 1명을 추가로 두었다. 천문박사는 천문 관측을 맡아보던 천문 대장과 같은 벼슬이다. 누각전에 천문과 역학을 가르치는 전문 학자를 배치함으로써 천문 관측과 시간 측정에 더욱 정확을 기할 수 있게 되었다.

천문박사는 후에 사천박사로 고쳤는데 이와 유사한 관직으로 고구려에는 일자日者, 백제에는 일관日官이 있다.

898년 3월 10일

풍수지리설의 대가 도선 사망

898년 3월 10일 풍수지리설의 대가 승려 도선이 전라남도 광양 백계산 옥룡사에서 72세의 나이로 사망하였다.

도선은 고려 태조 왕건의 탄생을 예언하여 유명해졌으며 그런 인연으로 고려 왕들의 신임을 받았다. 태조 왕건은『도선비기』에 큰 관심을 보여 도선이 점쳐서 정한 자리 외에는 어느 곳에도 사원을 세우지 않았다. 또한『훈요십조』를 통하여 후손에게도 그리하도록 당부하기도 하였다.

도선은 15세에 출가하여 월유산 화엄사에서 중이 되었는데 승려보다는 음양 풍수설의 대가로 더 유명하다. 그의 음양지리설과 풍수상지법은 고려 시대 이후 민족의 가치관에 큰 영향을 끼쳤다.

* 877년 1월 14일 '태조 왕건이 태어나다' 참조

1916년 3월 10일

청록파 시인 박두진 출생

대표적인 청록파 시인 박두진은 1916년 3월 10일 경기도 안성에서 태어났다. 그는 1939년 정지용의 추천으로 문예지『문장』에「향현」「묘지송」 등을 발표하면서 등단하였다.

1946년부터는 박목월, 조지훈 등과 함께 청록파 시인으로 활동하였
다. 그는 주로 자연을 바탕으로 인간의 염원과 가치를 다루는 시를 썼
다. 이화여자대학교와 연세대학교 교수를 역임하였으며, 1998년 세상
을 떠났다.

아시아 자유문학상, 서울시문화상, 3·1문화상, 예술원상 등을 수상
하였고,『거미의 성좌』『고산식물』『서한체』『수석연가』『박두진문학
전집』등의 작품을 남겼다.

* **1998년 9월 16일 '청록파 시인 박두진 사망' 참조**

3월의
모든 역사

3월 11일

■
.
.
.
■

2010년 3월 11일

법정 스님, 길상사에서 입적하다

삶은 소유물이 아니라 순간순간의 있음이다.
영원한 것이 어디 있는가.
모두가 한때일 뿐
그러나 그 한때를 최선을 다해
최대한으로 살 수 있어야 한다.
삶은 놀라운 신비요, 아름다움이다.

버리고 비우는 일은 결코 소극적인 삶이 아니라
지혜로운 삶의 선택이다.
버리고 비우지 않고는 새것이 들어설 수 없다.
공간이나 여백은 그저 비어 있는 것이 아니라
그 공간과 여백이 본질과 실상을 떠받쳐 주고 있다.

- 법정, 『버리고 떠나기』

2010년 3월 11일 법정法頂 스님이 지병인 폐암으로 서울 성북동 길상사에서 세수 79세, 법랍 56세로 입적하였다.

법정 스님의 속명은 박재철로 1932년 10월 8일 전라남도 해남군에서 태어났다. 그는 목포상업고등학교(현 전남제일고등학교)를 거쳐 전남대학교 상대에 진학하였다. 그는 동족상잔의 비극인 6 · 25 전쟁을 겪으며 고뇌와 방황의 시간을 거쳐 대학 4학년 때 출가를 결심하였다.

당시 안국동에 있던 효봉 스님을 만나 그 자리에서 머리를 깎고 통영 미래사에서 행자 생활을 시작하였다. 1959년 4월 해인사 전문 강원에서 승려 명봉을 강주로 대교과를 졸업하였다. 그 뒤 지리산 쌍계사, 가야산 해인사, 조계산 송광사 등 여러 선원에서 수선안거修禪安居하였다.

1994년부터는 환경 보호와 생명 사랑을 실천하는 시민운동 단체인 사단법인 '맑고 향기롭게'를 만들어 활동하였다. 생전에 수십 권의 수필집을 출간하였는데, 쉽게 읽히는 정갈하고 맑은 글쓰기로 큰 반향을 일으켰다. 꾸준히 읽히는 스테디셀러 작가로도 문명이 높았으며, 탁월한 문장력이 돋보이는 산문집을 통해 국민으로부터 큰 사랑을 받은 '스타' 스님이었다.

평생 무소유의 정신을 설파하고 실천해 온 법정法頂 스님은 가는 길도 무소유의 가르침 그대로였다. 조계종은 일체의 장례 의식을 거행하지 말라는 평소 뜻에 따라 별다른 장례 행사는 치르지 않았다. 다비식은 13일 오전 11시 송광사에서 거행하였으며 조화나 부의금은 일절 받지 않았다.

대표적인 저서로는『무소유』『영혼의 모음』『서 있는 사람들』『말과 침묵』『산방한담』『텅빈 충만』『물소리 바람소리』『버리고 떠나기』『산에는 꽃이 피네』『오두막 편지』등이 있다.

1976년 3월 11일

3 · 1 민주구국선언 관련자 구속

1976년 3월 11일 '3 · 1 민주구국선언'의 서명 관련자 20명이 긴급조치 9호 위반으로 구속 및 불구속 입건되었다.

이 사건은 57주년 삼일절 기념 미사가 거행되었던 명동성당에서 정치인, 신부, 목사, 대학 교수 등이 '민주구국선언문'을 발표함으로써 유신 체제에 대한 저항 의지를 드러낸 것으로, 선언문의 요지는 다음과 같다.

이 민족은 또다시 독재정권의 쇠사슬에 매이게 되었다. 삼권 분립은 허울만 남고 말았다. 국가 안보라는 구실 아래 신앙과 양심의 자유는 날로 위축되었고, 언론의 자유와 학원의 자주성은 압살당했다.

현 정권은 이 나라를 여기까지 끌고 온 책임을 져야 할 것이다. 우리의 비원인 민족 통일을 향해서 국내외로 민주 세력을 키우고 규합하여 한 걸음 한 걸음 착실히 전진해야 할 이 마당에, 이 나라는 일인 독재 아래 인권은 유린되고 자유는 박탈당하였다.

이리하여 이 민족은 목적의식과 방향감각, 민주주의에 대한 신념을 잃고 총파국을 향해 한걸음씩 다가서고 있다. 우리는 이를 보고만 있을 수 없어 여 · 야의 정치적인 전략이나 이해를 넘어 이 나라의 먼 앞날을 내다보면서 '민주구국선언'을 선포하는 바이다.

이 나라는 민주주의 기반 위에 서야 한다. 우리는 국민의 자유를 억압하는 긴급조치를 곧 철폐하고 민주주의를 요구하다가 투옥된 민주인사들과 학생들을 석방하라고 요구한다. 언론 · 출판 · 집회 등의 자유를 국민에게 돌려 줄 것을 요구한다.

우리는 유신 헌법으로 허울만 남은 의회 정치가 회복되어야 한다고 주장한다. 우리는 사법권의 독립을 촉구한다. 경제 입국의 구상과 자세가 근본적으로 재검토되어야 한다. 민족 통일은 오늘 이 겨레가 짊어진 지상의 과업이다.

이 사건에는 윤보선, 김대중, 정일형, 함석헌, 윤반웅, 문익환, 함세웅, 신현봉, 김승훈, 이문영, 서남동 등 사회 지도급 인사가 다수 포함되었다. 그중 11명은 구속되었고 정일형 의원을 포함한 9명은 불구속 기소되었다. 이들은 긴급 조치 철폐, 박정희 유신 정권 퇴진 등을 요구하여 정부 전복을 선동한 혐의를 받았다.

일명 '명동 사건'으로도 불리는 이 사건은 재판 과정에서 정치적 · 법률적 체제 공방이 치열하였다. 현직 의원이었던 정일형 의원은 유죄 확정 판결을 받아 의원직을 잃었다.

—

1954년 3월 11일

정비석 소설 『자유부인』 퇴폐 논란에 휩싸이다

—

1954년 3월 11일 소설가 정비석의 대표작인 『자유부인』이 퇴폐 논쟁에 휩싸였다.

정비석은 1911년 5월 21일 평안북도 의주에서 태어났다. 그는 1932년 일본 니혼 대학 문과를 중퇴한 이후 소설을 쓰기 시작하여 1937년 단편 「성황당」이 「조선일보」 신춘문예에 당선되었다. 그 후 1940년 「매일신문」 기자, 1947년 『대조』의 편집 주간을 지내며 창작 활동을 하였으나 1950년대 이후 전업 작가로 일관했다.

『자유부인』은 1954년 1월 1일부터 8월 6일까지 「서울신문」에 연재되었으며 연재 완료와 함께 정음사에서 단행본으로 간행되었다. 이 작품은 한국 최초의 베스트셀러로 기록되었지만 그에 못지않은 사회적 논란을 불러일으켰다.

『자유부인』은 대학교수의 부인이 바깥세상을 접하면서 점점 타락해 가는 모습을 그린 작품이다. 이 소설의 주인공 오선영은 한 남자의 아내이자 주부로서 정숙하게 생활했다. 그러나 어느 날부터 오선영은 남편의 제자와 춤을 추러 다니고, 유부남과 깊은 관계에 빠지는 등 타락해 버렸다. 이로 인해 가정은 파탄 지경이었지만 결국 남편의 이해로 자신의 과오를 뉘우치고 다시 가정으로 돌아가게 된다는 내용이다.

우리나라는 6·25 전쟁 이후 사교춤이 유행하여 춤바람이 거세게 불었다. 이 때문에 가정이 파탄되고 전쟁미망인들이 직업 전선에 진출하는 등 여러가지 사회 문제를 앉고 있었다. 정비석은 이러한 세태를 꼬집기 위해 대학교수 부부를 주인공으로 내세워 불륜 행각과 타락상을 그렸다.

그러나 황산덕 서울대 법대 교수가 1954년 3월 1일 「대학신문」에 작가 정비석을 '중국군보다 더 무서운 적'으로 묘사하였고, 정비석이 3월 11일 이를 반박하는 글을 「서울신문」에 게재함으로써 사회적으로 거센 논란이 일었다.

이러한 논쟁은 삽시간에 일반인에게 비화되었다. 대학 교수단과 여성 단체 등은 관계 당국을 찾아가 연재 금지를 요청하기도 하였다. 하지만 『자유부인』은 한 시대의 단면을 사실적으로 파헤치고 사회 문제를 각성시키려는 의도에서 쓴 것이라는 점에서 문학사적 의의가 있다.

정비석은 1991년 10월 19일 사망하였으며, 『파계승』 『호색가의 고백』 『소설 손자병법』 『비석과 금강산의 대화』 『여인백경』 등의 작품을 남겼다.

1971년 3월 11일

유한양행 설립자, 유일한 박사 사망

한국 기업사에 모범을 남긴 유일한 박사가 1971년 3월 11일 향년 75세로 사망하였다.

유일한은 1895년 1월 15일 평안남도 평양부에서 6남 3녀 중 장남으로 태어났다. 그는 1904년 독실한 기독교 신자였던 아버지의 권유로 선교사를 따라 미국 유학길에 올랐다. 1909년 독립운동가 박용만이 독립군을 기르기 위해 만든 헤이팅스 소년병 학교에 입학하여 낮에는 농장에서 일하고 밤에는 공부하였다. 1919년 미시간 대학교 상과를 졸업하였으며 스탠포드 대학교에서 3년간 국제법을 수학하였다.

유일한은 학교를 졸업한 후 제너럴 일렉트릭GE에 잠시 취업하였다. 1922년 직장 생활을 하여 모은 돈을 바탕으로 숙주나물 통조림을 제조하는 라초이 식품 회사를 설립하였다. 1925년 중국 상하이를 거쳐 21년 만에 고국으로 돌아와 이듬해 12월 10일 유한양행을 창립한 후 초대 사장으로 취임하였다.

유한양행은 초기에는 미국에서 약품을 수입하였지만 1933년부터는 안티푸라민을 직접 개발하여 판매하기 시작하였다. 1946년 7월 유한양행을 재정비하고, 대한상공회의소 초대 회장으로 활동하였다. 1962년 제약 업계 최초로 주식을 상장하였으며 유한 치약 생산을 개시하였다.

1963년에는 개인 소유 주식 1만 7,000주를 연세대와 보건 장학회에 장학 기금으로 기증하였다. 1964년 12월에는 학교 법인인 '유한재단'을 설립하였으며 개인 주식으로 교육 및 장학 사업을 확대하였다. 1970년 3월에는 미국 킴벌리클라크(주)와 합작으로 '유한킴벌리주식회사'를 설립하여 그해 국민훈장 모란장을 받았다.

특히 1969년 기업 일선에서 물러나며 혈연관계가 전혀 없는 조권순에게 경영권을 물려주었다. 이로써 전문 경영인이 등장하는 데 선구자적 역할을 하였다. 그는 기업 경영으로 축적한 부를 사회에 환원한 민족 기업가로 평가받고 있다. 1968년 모범납세자로 선정되어 동탑산업훈장을 받았으며, 1995년 건국훈장 독립장에 추서되었다.

1638년 3월 11일

환향녀 이혼 문제 대두

조선의 여인들은 정묘호란(인조 5년)과 병자호란(인조 14년) 등 거듭되는 청나라의 침입으로 큰 수모를 당하였다. 특히 의주에서 평양에 이르는 지방은 미인이 많아 벼슬아치나 양반의 처까지도 끌려갔다고 전한다. 끌려간 여인들은 대부분 돌아올 수 없었으나 간혹 많은 돈을 주고 돌아온 여자들도 있다고 한다.

그러나 이 여인들은 '환향녀'로 불리면서 정절을 더럽혔다 하여 남편들로부터 이혼을 요구받았다. 이것이 사회 문제가 되자 인조는 이혼을 금지하고 부득이하게 이혼할 경우에는 임금의 허락을 받도록 하였다. 또한 첩을 허용하거나 전국에 회절강回節江을 지정하여 그곳에서 과거를 씻도록 함으로써 환향녀를 모두 받아들이도록 교지를 내렸다.

3월의
모든 역사

3월 12일

■
■
■

1991년 3월 12일

얼굴 없는 시인 박노해 구속되다

1984년에 발행된 박노해의 첫 시집 『노동의 새 벽』 초판본이다.

당시 군사 정권의 금서 조치에도 불구하고 100 만 부 가까이 판매되며 노동 문제를 다룬 대표 시집으로 자리 잡았다.

박노해는 1957년 11월 20일 전라남도 함평에서 태어났다. 그의 본
명은 박기평으로 박노해는 '박해받는 노동자들의 해방을 위하여'라는
뜻이다. 16세 되던 해 서울로 상경하여 선린상업고등학교를 졸업한 후
1976년부터 노동자가 되었다. 그는 이때부터 노조 결성과 노동자 모임
을 조직하여 노동 운동가의 길을 걷기 시작하였다.

1983년 「시다의 꿈」을 발표하면서 노동자 시인으로 이름을 알렸으
며 마침내 1984년 첫 시집 『노동의 새벽』을 펴냈다. 그의 첫 시집은 군
사 정부의 금서 조치에도 100만 부 가까이 판매되는 등 한국 사회와 문
단을 뒤흔들었다. 그 후 '얼굴 없는 시인'으로 불리면서 80년대를 관통
하는 뜨거운 상징과 실천 노동자의 전범으로 떠올랐다. 이때부터 박노
해는 군사 정부의 표적이 되었다.

박노해는 1991년 3월 12일 국가안전기획부에 체포되면서 처음으로
그 얼굴을 드러냈다. 그는 24일간의 불법 고문 끝에 '반국가 단체 수괴'
죄목으로 사형이 구형되었고, 무기 징역형에 처해졌다. 1998년 8월 15
일 7년 6개월 만에 김대중 대통령의 특별 사면 조치로 석방되어 민주
화 운동 유공자로 복권되었다.

2000년에는 사회운동단체인 '나눔문화'를 설립하였다. 2003년 미국
의 이라크 침공 선언 직후 반전 평화 운동을 전개하였다. 나아가 아시
아 여러 나라와 팔레스타인, 레바논 등 난민촌에 학교와 도서관을 세우
는 등 글로벌 평화 나눔을 실천하고 있다.

그는 2009년 10월에는 사진작가로 데뷔하여 『라 광야』『나 거기에
그들처럼』등 두 편의 사진집을 발간하였다. 또한 그동안 분쟁 지역을
돌면서 촬영한 사진을 모아 전시회를 개최하였다.

2010년 10월 12년 만의 신작 시집 『그러니 그대 사라지지 말아라』를

출간하였다. 그 밖의 저서로는 『참된 시작』『우리들의 사랑 우리들의 분노』『민들레처럼』『사람만이 희망이다』『오늘은 다르게』 등이 있다.

1619년 3월 12일

도원수 강홍립, 누르하치에 항복하다

1619년 3월 12일 조선군 도원수 강홍립이 부원수 김경서와 함께 홍경 노성에서 후금의 누르하치를 만나 항복하였다. 이것은 명나라를 도와 출정한 명분을 세우면서도 조선의 병사를 더 이상 희생시키지 않으려는 전략의 일환이었다.

후금의 누르하치는 주변의 여러 부족을 차례로 복속시키면서 무섭게 세력을 키우더니 1618년에는 명나라의 정치·경제의 요충지인 무순을 점령하였다. 이에 충격을 받은 명나라는 후금을 응징하기로 하였으나 이미 쇠퇴의 조짐을 보이고 있어 후금을 칠 역량이 부족하였다.

결국 명나라는 임진왜란 때 원군을 보내 도와줬으니 조선도 원군을 보내 은혜를 갚으라고 하였다. 임진왜란 당시 왕세자로서 전장을 주유했던 광해군은 전쟁의 참상을 잘 알고 있었으며 주변 정세에 대한 안목도 높았다. 광해군은 명나라의 지원 요청에 대하여 출병을 거부하는 한편 징병을 피하기 위하여 외교적 수단을 총동원하였다. 명나라의 병력으로는 누르하치를 제압하지 못할 것이 분명하기 때문이었다. 조선으로서는 다른 나라의 전쟁에, 그것도 지는 전쟁에 참가할 이유가 없었던 것이었다.

그러나 신료들의 대다수는 명분을 내세워 출병을 채근하였고 명나라 황제의 강력한 요청을 뿌리치지 못하여 결국 출병을 결정하였다. 이에 광해군은 어전통사 출신으로 중국어에 능한 강홍립을 도원수로 삼아 1만의 군대를 파견하였다. 출병에 앞서 광해군은 강홍립에게 은밀히 일렀다.

"신중하게 처신하여 오직 패하지 않는 전투가 되도록 최선을 다하라."

강홍립 휘하의 조선군 선발대는 1619년 2월 1일 압록강을 건너 명나라 장수 유정의 휘하에 배치되었다. 강홍립 군대는 보병 중심으로 기병이 주부대인 명나라군과 보조를 맞추어 먼 길을 행군하였다.

마침내 1619년 3월 2일 조선군은 심하에서 후금의 군사와 처음 전투를 치렀다. 다행히 조총수의 분전으로 적을 패주시켰다. 그러나 귀영개의 후금군은 살리호에서 두송 휘하의 명나라 군을 전멸시키고 부차로 내달아 강홍립이 속한 유정의 군을 기습하였다. 이에 명나라군은 전멸하였고 조선군 수천 명도 목숨을 잃었다.

부차에서 대패한 강홍립은 승산 없는 싸움에 더 많은 목숨을 희생시킬 이유가 없어지자, 양국 사이에는 원한이 없으며 출병이 부득이하게 이루어졌음을 밝히고 결국 항복하였다. 이에 조정은 그의 관직을 박탈하였다. 후금에 억류되어 있던 포로들은 1620년 모두 석방되어 돌아왔지만 강홍립을 비롯한 10여 명은 계속 억류되었다.

강홍립은 광해군이 쫓겨난 뒤인 1627년 정묘호란 때 후금군의 향도로 차출되어 조선으로 다시 돌아왔다. 이어 인조를 알현하고 후금과의 강화 협상을 주선하여 후금군을 철수시켰지만 역신으로 몰려 삭탈관직을 당하는 비운을 겪었다.

1993년 3월 12일

북한, 핵확산금지조약 탈퇴 선언

북한이 1993년 3월 12일 핵확산금지조약NPT 탈퇴를 선언하였다. 이 날 북한 중앙방송은 중앙 인민위원회 제9기 7차 회의에서 한미 팀스피리트 훈련과 국제원자력기구IAEA의 특별 사찰로 야기된 핵확산금지조약 탈퇴 문제를 의제로 상정·의결했음을 보도하였다.

핵확산금지조약Nuclear Non-Proliferation Treaty의 정식 명칭은 '핵무기의 불확산에 관한 조약'으로 1968년 조인되어 1970년 3월부터 발효되었다. 이 조약은 미국·소련·중국·영국·프랑스 5개국의 핵무기 독점 보유를 인정하는 대신 다른 가맹국의 핵무기 도입과 개발, 보유를 금지하고, 원자력 시설에 대한 국제원자력기구의 사찰을 의무화하고 있다.

북한은 1985년 12월 12일 이 조약에 가입하였으나 특별 핵 사찰 요구에 반발하여 1993년 3월 탈퇴를 선언하였다. 그러나 이후 미국과의 고위급 회담에서 탈퇴 유보와 핵 사찰 협의 재개에 동의하였다. 1994년 2월 15일에는 국제원자력기구의 핵 사찰을 전격 수용하여 2주 동안 핵 사찰을 받는 등 한 발짝 물러섰다. 하지만 북한은 2003년 1월 또다시 탈퇴를 선언하였다.

3월의
모든 역사

3월 13일

■
■
■

1623년 3월 13일

인조반정으로 광해군이 폐위되다

조선 시대에는 두 번의 반정이 있었다. 중종반정과 인조반정이다. 반정反正이란 말을 한자 그대로 풀이하면 '바른 것으로 돌이킨다'는 뜻이다.

그런데 인조반정은 광해군에 대한 재평가가 이루어지면서 그 성격에 논란이 많았다. 정말 '바른 것으로 돌아갔느냐'는 것이었다. 더구나 이 반정은 백성들의 전폭적인 지지를 바탕으로 이루어진 것이 아니었다.

그러나 중종반정과는 그 성격이 다름에도 '인조반정'이라는 용어는 오래도록 하나의 고유명사처럼 사용되어 왔다.

1608년 광해군은 즉위 직후 왕위를 위협할 수 있는 잠재적인 인물들을 모두 숙청하였다. 선조의 유일한 적통인 영창 대군은 물론이고 심지어 친형인 임해군까지 살해하였다. 또 인조의 아우가 되는 능창군을 신경희의 옥사에 연루시켜 처형하였다.

급기야 1618년 인목 대비(1589~1632)마저 서인으로 폐하고 서궁에 유폐하였다. 형제들을 죽이고 계모를 폐서인하는 등의 조치는 유교를 숭상하는 사대부들에게 상당히 충격적이었다.

그동안 권력에서 밀려나 있던 서인들은 이를 명분으로 반정을 결심하였다. 이귀와 김유 등의 서인들은 새로운 왕으로 능양군을 점찍었다. 그는 동생 능창군이 광해군에게 희생되었던 까닭에 그렇지 않아도 복수의 칼을 갈고 있던 참이었다.

당시 이귀는 평산부사로 재직 중이었다. 그는 반정이 일어나기 1년 전 평산 지방에 호랑이가 자주 출몰하니 경계를 넘어 범 사냥을 할 수 있도록 해 달라는 상소를 올렸다. 이는 여차하면 무장한 채 서울로 진격하기 위한 것이었다. 그러나 이러한 의도가 간파되어 서둘러 거사를 진행하게 되었다.

마침내 1623년 3월 13일 밤, 반정의 불꽃이 타올랐다. 이귀, 최명길 등은 700여 명의 군사를 홍제원에 모아 서울로 진격하였다. 그런데 반란군의 대장을 맡기로 했던 김유가 늑장을 부려 동원 병력은 예상의 절반에도 못 미쳤다. 이귀는 급한 대로 이괄에게 지휘권을 맡겼다. 이괄은 반란군에게 의義자가 쓰인 머리띠를 두르게 하고 군사를 움직이기 시작하였다. 뒤늦게 김유가 대열에 합류하자 지휘권은 다시 김유에게 넘어갔다. 능양군도 친히 병사를 거느리고 연서역에 나아가 장단부사 이서의 군사 700여 명과 합류하여 창덕궁으로 쳐들어갔다.

그 시각에 잔치를 벌이며 놀고 있던 광해군은 반란군이 대궐을 점거한 것을 알고 변장을 한 뒤 재빨리 궁을 빠져나갔다. 그는 의관 안국신의 집에 숨었다가 이틀 뒤 체포되었다. 반란에 성공한 능양군은 가장먼저 옥새를 찾아 인목 대비가 유폐된 서궁으로 달려갔다. 인목 대비는크게 기뻐하면서 광해군을 폐위하고 능양군으로 왕위를 잇게 한다는교서를 내렸는데 그가 바로 인조이다. 인목 대비가 광해군을 폐위시킨명분은 서인들이 내세운 논리와 똑같았다.

그러나 과도한 토목 공사라든가 중립 외교에 대한 부분은 반정의 명분으로는 설득력이 부족한 것들이었다. 인목 대비는 광해군의 죄를 물어 곧장 처형할 것을 주장하였다. 그러나 인조의 간청으로 서인으로 강등하여 강화도에 유배하는 것으로 그쳤다. 이후 수차례에 걸쳐 광해군을 죽이려는 시도가 있었지만 성공하지 못하였다. 광해군은 여기에서67세의 나이로 천수를 다했다.

반정에 성공한 서인들은 조선 후기 내내 집권 세력이 되었다. 19세기세도 정치로 권력을 좌지우지했던 안동 김씨는 인조반정 이후 권력에참여한 김상헌 형제의 후손이었다.

인조반정은 집권층이었던 서인들의 입장에서 일방적으로 내린 평가가 진실이 되어 버렸다. 반면 광해군이나 그를 둘러싼 북인은 악의 세력으로 묘사되었다. 이는 '패하면 역적이요 성공하면 군왕이다'라는 슬로건을 잘 보여 주는 것으로, 역사는 다분히 승자의 기록이라고 하는것은 바로 이를 뜻하는 것이다.

—

1919년 3월 13일

북간도, 용정 등지에서 독립 만세 운동 발발

—

3 · 1 운동 소식이 전해지자 간도의 용정촌과 국자가의 한인 학교는 3월 10일부터 휴교에 들어갔다. 그리고 종교계와 민족 운동가들은 독립 선언 축하식과 시위운동을 준비하였다.

마침내 1919년 3월 13일 오후 북간도 용정촌에서는 1만여 명의 한인들이 독립 만세 시위를 벌였다. 이들은 종교 단체, 청년, 학생을 중심으로 하여 '간도 독립 선언'과 '조선 독립 선언서 포고'를 각각 낭독하고 시가행진을 벌였다.

그러나 일제는 이 계획을 사전에 파악하고 중국 관헌과 교섭하였다. 이에 중국 주둔군 단장 맹부덕은 군사를 이끌고 만세 시위를 제지하였다. 그러나 시위 군중이 해산하지 않자 대한 독립기를 빼앗고 발포 명령을 내려 현장에서 18명이 사망하고 30여 명이 부상당하였다. 그럼에도 만세 운동은 4월 중순까지 그치지 않았다.

* 1919년 3월 1일 '민족 대표 33인, 독립 선언서를 낭독하다' 참조

—

1901년 3월 13일

민권 운동가 함석헌 출생

—

함석헌은 1901년 3월 13일 평안북도 용천에서 태어났다. 그는 1923

년 오산고등보통학교를 졸업하고 1924년 일본의 도쿄고등사범학교를 졸업하였다. 1928년 졸업과 동시에 귀국하여 1938년 3월까지 모교에서 역사와 수신을 가르쳤다. 1940년 평양 근교의 송산농사학원을 인수하여 원장에 취임하였다. 그러나 계우회 사건으로 1년간 옥고를 치른 후 8 · 15 광복 때까지 은둔 생활을 하였다.

함석헌은 1950년 6 · 25 전쟁이 발발하자 부산으로 월남하였다. 그는 퀘이커 교도로서 각 학교와 단체에서 성경 강론과 종교 집회를 하였다. 특히 1956년부터는 『사상계』를 통하여 주로 사회 비평적인 글을 쓰기 시작하였다. 특히 1958년 「생각하는 백성이라야 산다」라는 글로 이승만 자유당 독재 정권을 통렬히 비판하였다.

또한 반정부 투쟁에 적극 나서 언론수호대책위원회 · 3선개헌반대투쟁위원회 · 민주수호국민협의회 등에서 활동하였다. 1970년 진보적 평론지 『씨알의 소리』를 창간하여 민중 계몽 운동을 펼치다가 정권의 탄압을 받았다. 1976년 명동 사건, 1979년 YMCA 위장 결혼식 사건으로 재판을 받았다.

그는 권력으로부터 많은 탄압을 받았지만 민주화 전선에서 상징적인 역할을 담당하며 항일 · 반독재에 맞선 민권 운동가이자 문필가였다. 1989년 2월 4일 사망하였으며 저서에는 『뜻으로 본 한국 역사』 『수평선 너머』 등이 있다.

* **1976년 3월 11일 '3 · 1 민주구국선언 관련자 구속' 참조**

1940년 3월 13일

독립운동가 이동녕 사망

1940년 3월 13일 독립운동가 이동녕이 중국 쓰촨성에서 폐렴으로 사망하였다.

그는 1869년 2월 17일 충청남도 천안에서 태어났다. 어린 시절 서당에서 한학을 익혔고 10세 때 할아버지 이석구 문하에서 수학하였다. 그의 일가는 1885년 서울로 상경하여 종로 봉익동에 정착하였다. 1888년 다시 평양으로 건너가 응제진사시에 합격하였고 다음 해 아버지를 따라 원산으로 가서 육영 사업을 도왔다.

이동녕은 1896년 28세 되던 해 독립 협회에 가담하여 본격적으로 구국 운동을 시작하였다. 그는 1905년 을사조약이 체결되자 결사대를 조직하여 덕수궁 대한문에서 조약 폐기 운동을 전개하다 투옥되어 2개월간 수감되었다.

1906년에는 북간도로 가서 이상설 등과 용정에 서전서숙을 설립하여 한국 교포의 민족 교육에 힘쓰며 독립 운동의 기수를 길러냈다. 또한 안창호, 이회영과 함께 전국에 교육단을 조직하였으며 「대한매일신보」의 발행을 지원하였다.

1907년 귀국하여 비밀 결사 조직인 신민회에 참여하여 총서기로 활동하였다. 1910년에는 만주 삼원보에 설립된 신흥강습소(후에 신흥무관학교)의 소장이 되어 독립군 양성과 교포 교육에 힘썼다.

1919년 상하이 임시정부 수립에 참여하여 의정원 초대 의장이 되었고, 국무총리, 대통령 직무 대리 등을 역임하면서 20여 년 동안 조국 광복을 위해 투쟁하였다.

광복 후인 1948년 김구의 주선에 의해 사회장으로 봉환식을 거행하였으며 효창원에 안장되었다. 1962년 건국훈장 대통령장이 추서되었다.

* **1869년 2월 17일 '독립운동가 이동녕 출생' 참조**

1944년 3월 13일

여성 독립운동가 김마리아 사망

1944년 3월 13일 여성 독립운동가인 김마리아가 사망하였다.

김마리아의 집안은 민족 의식이 투철한 명문가 집안으로 그녀는 1891년 황해도 장연에서 태어났다. 어린 시절 부모를 여의고 숙부의 보살핌을 받고 자랐다. 서울 정신여학교에서 수학하였으며 모교에서 교편을 잡았다. 이후 1914년에는 일본으로 건너가 유학하였다.

1919년 도쿄 여자학원 졸업을 앞두고 조선 유학생회가 주도한 2·8 독립선언이 일어나자 이에 적극 가담하였다. 그 후 국내로 들어와 전국을 돌며 독립운동을 역설하였다. 3·1 운동 후 배후 지도자로 체포되어 서대문 감옥에 이감되었으나 증거 불충분으로 석방되었다.

그녀는 출옥한 후 동지들을 규합하여 전국 규모의 대한민국애국부인회를 조직하고 임시정부 군자금을 모금하는 등 독립을 위해 힘썼다. 그러나 조직원의 배반으로 1920년 다시 체포되어 3년형을 선고받았으나 미국인 선교사의 도움으로 상하이로 탈출하였다. 이후 대한민국 임시정부의 황해도 대의원이 되었으며 난징의 진링 대학에서 수학하였다.

그녀는 1923년 독립을 위해서는 실력을 양성해야 한다는 큰 뜻을 품고 미국으로 건너갔다. 미국의 파크 대학교와 시카고 대학교에서 수학하였고 석사 학위를 받은 뒤 뉴욕에서 신학을 공부하였다. 이때 뉴욕에서 황애덕, 박인덕 등과 함께 재미 대한민국애국부인회(근화회)를 조직하고 회장을 맡았다.

그녀는 10년간 미국 내 여러 대학에서 수학하면서 독립 및 항일 투쟁을 벌였다. 많은 지식인들이 일제의 탄압에 굴복하여 친일로 변절해 갔지만 꿋꿋한 의지로 조국의 독립을 위해 애썼다.

1933년 형 집행이 만료되어 귀국하였으나 일본 경찰의 제약이 뒤따라 교사 활동도 신학 이외에는 가르칠 수 없었다. 그 후 마르다 윌슨 신학교에서 교편을 잡고 신학 교육에 힘썼다.

1943년 오래전 고문으로 얻은 병이 재발하여 원산의 사택에서 졸도한 뒤 이듬해 3월 13일 평양의 병원에서 사망하였다. 미혼으로 자손은 없었고, 시신은 유언대로 화장하여 대동강에 뿌려졌다.

3월의
모든 역사

3월 14일

1963년 3월 14일

소설가 염상섭이 사망하다

염상섭은 서울에서 태어나 서울에서 생을 마친 서울 작가였다. 그의 소설에서는 자주 서울 중산층의 풍속과 의식을 엿볼 수 있다. 소설 속에는 알게 모르게 작가의 경험이 녹아 들어가기 때문이다.

그는 문예 동인지 『폐허』에서 활동하면서 출세작인 「표본실의 청개구리」를 발표하였다. 이 작품에서 그는 젊은 지성인의 번민을 암울하고 절망적인 분위기 속에서 실험주의적, 자연 과학적인 방법으로 그려냈다. 이 때문에 그는 자연주의의 선구자로 평가받았다.

1963년 3월 14일 횡보 염상섭이 직장암으로 눈을 감았다.

염상섭은 1897년 8월 30일 가평군수 염규환의 8남매 중 셋째 아들로 태어났다. 그는 새로운 지식을 갈구하며 일본으로 건너가 1948년 게이오기주쿠 대학 예과에 입학하였다. 재학 중에는 3 · 1 운동 당시 오사카에서 자신이 쓴 조선 독립 선언문과 유인물을 뿌리며 시위를 벌이다가 체포되어 감옥 생활을 하였다.

1920년 일본 생활을 청산하고 귀국하여 「동아일보」의 창간 멤버로 참여하여 정경부 기자로 활동하였다. 그 후 잠시 오산학교 교사도 지냈지만 줄곧 신문과 잡지의 편집인으로 지내면서 창작 활동에 열중하였다.

그는 문예 동인지 『폐허』에서 활동하면서 습작기를 끝내고 1921년 출세작인 「표본실의 청개구리」를 발표하였다. 이 작품에서 그는 젊은 지성인의 번민을 암울하고 절망적인 분위기 속에서 실험주의적, 자연과학적인 방법으로 그려냈다. 이 때문에 그는 자연주의의 선구자로 평가받았다. 이듬해 중편 소설 「만세전」을 집필하였는데 3 · 1 운동 직전 일제에 핍박받고 수탈당하는 우리 민족의 모습을 사실적으로 묘사하였다. 이를 통해 구체적이고 현실적인 문제에 접근하는 그의 변화된 모습을 엿볼 수 있다.

1926년 다시 일본으로 건너갔으나 별다른 소득 없이 귀국한 후 곧 결혼하였다. 그에게 결혼은 점차 삶의 안정을 가져다주었고 술도 덜하게 되어 창작 활동에 전념할 수 있게 되었다.

1931년 마침내 그의 대표작인 『삼대』가 탄생하였다. 『삼대』는 제목 그대로 조祖 · 부父 · 자子 3대 사이에 벌어지는 세대 간의 갈등을 다루고 있다. 유교 사회에서 일제의 식민 통치를 거쳐 근대 사회로 변모해 나가고 있는 조선의 현실을 아주 사실적으로 보여 주었다. 이때부터 리얼리즘은 그의 소설에서 확실한 경향으로 자리 잡았다. 『삼대』는 시간의 흐름을 따라 계속하여 『무화과』와 『백구』로 그 내용이 이어졌다.

일제 말기 10여 년은 만주로 이주하여 「만선일보」 등에 종사했을 뿐 집필은 하지 않았다. 광복과 더불어 귀국한 그는 「경향신문」 초대 편집국장을 지냈다. 1950년 6 · 25 전쟁이 발발하자 해군 소령으로 입대하여 정훈 임무를 수행하였다. 제대 후 서라벌 예술대학 학장으로 근무하면서 다시 창작에 집중하여 많은 작품을 쏟아냈다. 그가 남긴 작품은 장편 30여 편, 단편 150편, 평론 100여 편, 수필 30편 등에 달한다.

염상섭은 서울에서 태어나 서울에서 삶을 마감한 그야말로 서울 작가였다. 그의 소설 속에서 서울 중산층의 의식과 관습, 언어가 자주 다루어지는 것은 결코 우연이 아니었다. 박경리의 『토지』, 최명희의 『혼불』, 홍명희의 『임꺽정』 등은 소설 속에 순수한 우리말을 많이 사용한 것으로 유명하다. 염상섭의 소설도 순수 국어의 보고라 일컬을 만큼 토속적인 우리말의 등장이 두드러진다.

한편 염상섭은 술을 매우 좋아하였는데 자기 집 한 칸 장만하지는 못해도 외상 술집은 꼭 확보해 놓을 정도였다고 한다. 심지어 죽기 바로 직전에도 부인이 청주를 숟가락에 떠서 입안에 넣어 주었다고 한다. 그의 호인 횡보도 술과 관련이 있는데 술에 취하면 걸음걸이가 비뚤어 옆으로 가기 때문에 친구들이 붙여준 것이라고 한다.

한편 2002년 고려대학교 출판부는 염상섭의 작품 속 어휘를 정리한 『염상섭 소설어 사전』을 출간하였다. 문학 평론가 곽원석 씨가 정리한 이 책은 염상섭의 소설 전반에 걸쳐 사용되는 어휘 1만 여 개와 문장의 용례를 찾아 정리하였다. 여기에 동원된 책은 단편 소설 129편, 중편과 장편 소설은 28편에 달한다.

1951년 3월 14일

국군, 서울 재탈환에 성공하다

1950년 9월 28일 서울 수복 이후 38선을 넘고 평양, 원산을 지나 한만 국경에까지 이르렀던 유엔군은 압록강을 건너기 시작한 중공군이 인해 전술로 맞서자 할 수 없이 수도 서울을 포기한 채 후퇴하였다. 이후 서울은 유엔군과 국군의 반격으로 재수복할 때까지 북한군의 수중에 있었다.

서울을 다시 내준 유엔군은 2월부터 반격 작전을 전개하였다. 일부 병력은 한강 남안, 즉 동작동, 영등포구청 앞까지 진출하였다. 미군 병력도 차츰 북한군의 공세를 꺾으며 양수리 부근에서 한강 남안에 도달하여 3월 10일을 전후하여 서울 재탈환을 위한 작전이 시작되었다.

3월 7일에 미국은 포병, 전차 및 공군의 대규모 준비 공격으로 북한군의 기세를 꺾고, 미 제25사단 병력의 도하전으로 경춘가도를 장악하였다.

국군 제15연대는 수색대를 강북의 도심지로 투입하여 서울 탈환을 위한 전초전을 개시하였다. 그리고 제15연대 제6중대를 선두로 도하 작전이 조용하게 진행되었다. 이날 제1사단의 병력이 시가 중심부를 석권하자 중공군은 10만여 명의 전사자를 내면서 퇴각하였다.

제1차 수복 때와 같은 공방전이 없었던 것은 중공군이 서울 수호에 연연하지 않고 미리 철수하였기 때문이다. 그리하여 1 · 4 후퇴 후 70

여 일 만인 3월 14일 드디어 서울 재탈환에 성공하였다.

* 1951년 1월 4일 '1 · 4후퇴' 참조

1939년 3월 14일

친일 단체 황군위문작가단 발족

1939년 3월 14일 부민관에서 황군위문작가단 발족을 위한 예비 회의가 소집되었다.

황군위문작가단은 일제 시대의 문인 종군 단체로 총후봉공銃後奉公이란 미명 아래 군사 후원을 목적으로 구성되었다. 이날 문장사를 비롯한 14개 출판사의 협력으로 문인 50여 명이 모였다.

이광수의 사회로 진행된 회의에서 박영희를 의장에 천거하였으며 김동인, 백철, 임학수, 김동환, 박영희, 주요한, 김용제, 정지용이 위문사 후보로, 실행 위원으로는 김동환이 뽑혔다. 이들 중 박영희, 김동인, 임학수가 위문사로 결정되었다.

위문단은 베이징을 거쳐 석가장, 태원, 임분 지역 등을 한 달가량 돌며 일선 군부를 방문하였다가 5월 13일 경성에 도착하였다. 그들은 위문 여행의 경험을 「북지여행기」(국민신보, 1939. 6. 4), 『전선기행』(박영희, 박문서관, 1939. 10), 『전선시집』(임학수) 등으로 출판하면서 본격적인 친일 문학의 길로 들어섰다.

1961년 3월 14일

시인 변영로 사망

1961년 3월 14일 시인 변영로가 사망하였다.

변영로의 아호는 수주樹州로 그는 1897년 5월 9일 서울에서 태어났다. 그는 서울 재동 · 계동 보통학교를 거쳐 중앙학교(지금의 중앙고등학교)에서 수학하였다. 1912년 중앙학교를 중퇴하고 이화여자대학교, 이화여전 등에서 교편생활을 하다가 미국으로 건너가 산호세 대학에서 수학하였다. 조선중앙기독교청년회학교 및 중앙고등보통학교에서 영어 교사를 지냈으며 1919년 3 · 1 운동 당시 독립 선언서를 영문으로 번역하기도 하였다.

그는 1920년 『폐허』의 동인으로 등단하여 해학이 넘치는 수필을 발표하였다. 1924년에는 일제 치하의 민족적 울분을 노래한 첫 시집 『조선의 마음』을 발표하였다. 이 시집은 초창기 근대시의 분수령을 이룬 시집으로 평가받고 있다. 그의 작품들은 말씨가 정서적이고 가락이 부드러워 시단의 이목을 끌었다.

광복 이후부터 눈을 감기 전까지는 주로 민족의 앞날을 걱정하는 우국적인 시를 썼다. 또한 우리 문단에 영미 문학을 소개하고 우리 작품을 영역하였다.

1948년 서울시문화상을 수상하였으며 저서에는 수필집 『명정사십년』 『수주시문선』이 있으며 영문 시집으로는 『진달래동산Grove of Azalea』 등이 있다.

—

1991년 3월 14일

낙동강 페놀 오염 사건 발생

—

1991년 3월 14일 경북 구미시에 있는 두산전자의 페놀 원액 저장 탱크에서 페놀 수지 생산 라인으로 통하는 파이프가 파열되었다.

페놀 원액은 14일 밤 10시부터 다음 날 새벽 6시까지 약 8시간 동안이나 새어 나왔다. 대구 시민들은 수돗물에서 악취가 난다고 신고하였지만 취수장 측에서는 원인 규명도 하지 않은 채 염소를 다량 투입하여 사태를 악화시켰다.

그러나 수돗물은 클로로페놀에 오염된 상태로 밝혀졌다. 클로로페놀은 상수원에 흘러든 페놀이 소독을 위해 사용한 염소와 결합하여 화학 변화를 일으켜 생성된 것이었다. 농도가 1ppm을 넘으면 암 또는 중추 신경장애 등 신체에 치명적인 악영향을 끼치는 극약이었다.

두산전자 구미 공장에서 집중적으로 공장 폐수를 낙동강에 방출시킨 것으로 밝혀지자 전국적으로 두산그룹 제품에 대한 불매 운동이 일어났다. 이 사건으로 환경처 장관이 경질되었으나, 국내 수질 오염 방지 기술이 한 단계 도약하는 계기가 되었다.

―

1912년 3월 14일

창덕궁 박물관 개관

―

1912년 3월 14일 창덕궁 박물관이 개관하였다. 이 박물관은 창덕궁
박물관 또는 이왕직 박물관李王職 博物館으로도 불렸다.

이왕직은 일본 궁내성에 소속된 기구로 1910년 대한제국 황실이 이
왕가로 격하됨에 따라 기존의 황실 업무를 담당하던 궁내부를 계승하
여 설치된 것이다. 즉 이왕직은 대한제국 황실을 일본 천황가의 하부
단위로 편입하여 이들을 예우하는 한편 회유 · 통제하기 위한 것이었
다. 이곳에서는 이왕가의 인적 사항, 재산, 동물원, 식물원, 박물관 등
일체의 업무를 관장하였다. 신축한 본관 외에 창경궁의 옛 건물인 명정
전, 경춘전, 양화당 등의 전각도 수리하여 박물관으로 사용하였다.

창덕궁 박물관은 이곳에 도자기, 금속류, 옥석류, 조각, 서화, 목죽품,
무기, 불상, 풍속에 관한 물품 등 1만 수천 점을 진열하여 일반에게 공
개하였다. 이후 창덕궁 박물관의 소장품은 1936년 신축된 덕수궁 미술
관으로 모두 옮겨졌다.

3월의
모든 역사

3월 15일

■
■
■

—

1960년 3월 15일

3 · 15 부정 선거가 일어나다

—

"이번 정부통령 선거에서 종래의 방식으로는 자유당 입후보자가 당선될 수 없으니 어떤 비합법적인 비상수단을 써서라도 이승만 박사와 이기붕 선생이 꼭 당선될 수 있도록 하라.

세계 역사상 대통령 선거에서 소송이 제기된 일이 있느냐? 법은 나중이니 우선 당선시켜 놓고 보아야 한다. 콩밥을 먹어도 내가 먹고 징역을 가도 내가 간다. 군수와 서장들은 솔선하여 다음과 같은 부정 선거의 구체적 방법을 완수하라."

– 최인규, 부정 선거 당시 한 말

이승만 정권은 처음 출범할 때부터 좌우익 모두에게 그다지 지지를 받지는 못하였다. 본래 1차로 끝났을 이승만의 임기는 6 · 25 전쟁이라는 혼란스런 분위기를 이용하여 조금 더 연장될 수 있었다. 그는 경찰의 삼엄한 포위망 속에서 발췌 개헌안을 통과시켜 제2대 대통령에 다시 당선되었다.

이승만은 다시 1954년에 그 유명한 사사오입 개헌을 단행하여 종신집권의 길을 획책하였다. 그리고 1956년 치러진 제3대 대통령 선거에서 이승만은 부정 선거를 통해 가까스로 3선에 성공하였다. 만약 야당 후보였던 신익희가 선거 전에 갑자기 사망하지 않았더라면 결과는 예측하기 어려웠을 것이다. 당시 권력에 의한 독살설이 제기되기도 하였으나 인정되지는 않았다.

이승만 정권의 부정부패와 독재 정치에 대한 국민들의 반발은 폭발 직전이었다. 이렇게 민심을 잃게 되자 이승만 정권은 정치적 라이벌에게 노골적으로 폭력을 행사하기 시작하였다. 부통령으로 당선된 야당의 장면이 피격되는가 하면 제3대 대통령 선거에서 이승만의 간담을 서늘하게 했던 조봉암을 간첩으로 몰아 사형시켰다. 거기에다 폭력단을 중심으로 반공 청년단을 조직하여 정치적으로 이용하였으며 권력에 비판적이던 「경향신문」을 폐간시켰다.

그리고 마침내 제4대 정부통령 선거를 맞이하여 이승만 정권은 자신의 목줄을 끊는 최악의 수를 던진다. 당시 이승만의 나이는 만 85세였다. 고령이라 그야말로 언제 죽을지 모르는 상황이었다. 따라서 만일의 경우 대통령직을 승계할 부통령이 누가 될 것인지는 무척 중요한 문제였다. 이에 자유당은 정부통령 후보로 이승만과 이기붕을, 야당인 민주당은 조병옥과 장면을 내세웠다. 그러나 조병옥은 선거를 앞두고 미국에서 뇌 수술을 받던 중 사망하였다.

이로써 이승만의 당선은 사실상 확정된 것이었으나 문제는 부통령이었다. 장면은 이미 지난 선거에서 이기붕을 상당한 차이로 물리친 적이 있었다. 이 때문에 자유당은 이기붕을 부통령에 당선시키기 위해 사상 최악의 부정 선거를 획책하였다.

당시 내부부 장관이었던 최인규는 부정 선거의 구체적 방법을 비밀리에 시달하였는데 내용은 다음과 같다.

첫째, 전체 투표의 85%를 확보하기 위해 유권자의 40%에 해당하는 표를 사전에 준비하였다가 투표 개시 전 투표함에 넣는다.

둘째, 정식 투표에서도 미리 공작한 유권자를 3인조, 9인조로 편성하여 조장의 감시 아래 투표를 실시한다.

셋째, 자유당계 유권자에게 자유당 완장을 착용케 하여 투표소 부근의 분위기를 온통 자유당 일색으로 만들어 야당 측 유권자들을 심리적으로 압박한다.

넷째, 민주당 측 참관인을 매수하여 참관하지 못하게 하고 그것이 불가능하면 시비를 걸어 같이 퇴장하도록 소동을 일으킨다.

실로 경악할 노릇이었다. 투표함은 불타기도 하였으며 몰래 바꾸기도 하는 등 갖은 불법적인 방법이 동원되었다. 심지어 어떤 지역에서는 유권자수보다 더 많은 득표수가 나왔다. 이에 당황한 자유당은 대통령의 경우 80~90%, 부통령의 경우 70~80%로 득표율을 낮추라는 해괴한 지시까지 내렸다.

결국 이승만이 총투표의 97%를 획득하여 대통령으로 당선되었다.

이기붕은 820만여 표를 얻어 184만여 표에 그친 장면을 누르고 부통령이 되었다. 이는 여론과는 완전히 상반되는 엉터리였고 온 국민은 분노로 들끓었다.

한편 부정 선거 당일 마산에서는 이에 항의하는 대규모 시위가 발생하였다. 시위 진압 도중 경찰의 실탄 발포로 8명이 사망하고, 72명이 총상을 입었다. 시위는 최루탄에 맞은 김주열의 참혹한 시신이 공개되면서 더욱 가열되었고 끝내 4·19 항쟁으로 발전하며 전국적으로 확산되었다.

* 1960년 4월 19일 '4월 혁명이 시작되다' 참조
* 1954년 11월 29일 '국회, 개헌안 부결을 번복하고 사사오입 통과 선언' 참조

—

1902년 3월 15일

독립운동가 유관순 출생

—

3·1 만세 운동의 상징적인 인물인 유관순은 1902년 3월 15일 충청남도 천안군 동면 용두리에서 5남매 중 둘째 딸로 태어났다. 일찍이 기독교에 입교한 부친은 향리에 흥호학회를 세운 개화 인사였으며 유관순도 어릴 때부터 매봉교회에 다녔다.

유관순은 1916년 기독교 선교사의 소개로 이화학당에 입학하였고 고등과 1년생이던 1919년 3·1 운동이 일어나자 만세 시위에 참가하였다. 일제에 의해 이화학당에 휴교령이 내려지자 독립 선언서를 가지고 고향으로 내려가 학교와 교회 등을 방문하여 서울의 3·1 운동 상

황을 알리는 한편 만세 시위를 권유하였다.

마침내 마을 지도자들의 뜻이 모아져 3,000여 명의 군중이 아우내 장터에 모여들었다. 유관순은 사람들에게 일일이 태극기를 나누어 주었고 앞장서서 '대한 독립 만세'를 외치다가 일본 경찰에게 체포되었다. 이후 공주 감옥으로 송치되었고 아버지와 어머니는 일본 헌병에게 살해되었다.

그녀는 일제의 무자비한 고문에도 끝내 굴복하지 않았다. 재판에서는 일제의 침략을 규탄하고 "한국인으로 일본인에게 재판을 받을 수 없다."라고 항거하며 재판의 부당함을 역설하였다. 그해 8월 서대문 형무소로 이감되었으나 옥중에서도 독립 의지를 굽히지 않고 만세를 부르며 항쟁을 계속하다가 이듬해 1920년 9월 28일 순국하였다.

* 1920년 9월 28일 '유관순이 순국하다' 참조
* 2007년 2월 25일 '유관순 1심 재판 기록 공개' 참조

1996년 3월 15일

경주 오층석탑에서 금동사리함 발견

1996년 3월 15일 경주 월성 나원리 오층석탑(경상북도 경주시 현곡면 나원리 소재, 국보 제39호) 삼층 옥개석 상면에서 금동사리함이 발견되었다.

금동사리함은 문화재 관리국에서 중요 석조 문화재 보수 공사의 일환으로 나원리 오층석탑의 해체·수리 공사 중에 발견되었다. 발견된 금동사리함은 15×15×15cm의 크기로 뚜껑 윗면에는 연화당초문이

새겨져 있고 사방 측면에 사천왕상이 정교하게 선각되어 있는 정육면
체 모양이었다.

금동사리함은 강회로 밀봉되어 금빛이 찬연하고 일부에만 푸른 녹이
남아있을 뿐 보존 상태가 매우 양호하였다. 사리함 내부에는 금속재 탑
과 나무, 종이 등의 부식된 물질들이 쌓여 있으며 벽면에는 묵서 글씨
가 일부 남아 있었다.

이 유물은 통일 신라 융성기인 선덕왕 대에 만들어졌을 것으로 추정
되었다. 이 금동사리함은 비슷한 시기에 발견된 감은사지 동삼층석탑
내에서 발견된 유물들과 함께 불교 미술 공예사 연구에 귀중한 자료가
되었다.

—

1975년 3월 15일

자유실천문인협의회, 165인 선언 발표

—

1975년 3월 15일 오전 10시 한국기자협회 사무실에서는 자유실천문
인협의회 이름으로 '최근의 사태에 대한 문학인 165인 선언'이 발표되
었다.

이 선언은 「동아일보」와 「조선일보」가 소속 기자들을 파면·해임한
사태와 한국기자협회 기관지 「기협회보」에 대한 주무 당국의 폐간 조
치, 시인 김지하의 투옥에 대한 항의를 담고 있다.

이 선언 발표에는 고은, 장용학, 백도기, 백낙청, 한승헌, 한남철, 이
호철, 김병걸, 김규동, 조태일, 박태순 등이 참석하였고 문학 평론가이
자 기자 협회장인 김병익 등이 배석하였다.

3월의
모든 역사

3월 16일

1420년 3월 16일
세종이 집현전을 설치하다

세종 대에 설치된 집현전은 조선 초기 모든 학문 연구의 중심지였다. 당시 집현전 학사들의 면면을 보면 성삼문, 신숙주, 정인지 등 등 화려하기 이를 데 없다. 이들은 경연을 담당하였고 언관으로도 활동하였다.

특히 집현전에서 주목되는 것은 훈민정음의 창제와 활발한 서적의 편찬이다. 『고려사』 같은 역사서, 지리지, 의학서, 농서 등의 편찬이 모두 이곳에서 이루어졌다. 그러나 집현전 출신들이 단종 복위 사건에 연루되자 세조는 집현전을 폐쇄하였다.

가요계에 '리메이크'라는 것이 있다. 주로 예전에 히트했던 노래를 다른 가수가 새롭게 다시 만들어 부르는 것을 말한다. 노영심이 불러 크게 인기를 끌었던 「그리움만 쌓이네」도 이와 같은 경우이다. 원래 이 노래는 여진이 부른 것이었다. 이수영이 리메이크하여 새롭게 부른 「광화문 연가」도 크게 성공한 사례로 꼽힌다. 이수영은 이문세와는 다른 분위기와 음색으로 큰 사랑을 받았다.

꼭 가요계에만 리메이크가 있는 것은 아니다. 영화와 드라마, 아니 국가기구에도 그것은 존재한다. 조선 초기 학술 기관으로 유명한 집현전이 바로 그런 경우이다.

집현전은 흔히 세종 때 처음 창설된 기관으로 알고 있지만 이미 고려 시대부터 존재하였다. 고려 인종 14년(1136)에는 연영전을 집현전이라 고쳐 부르고 대학사와 학사를 두어 경학을 연구하였다. 조선 초기까지 그 제도가 존속한 것으로 보이지만 유명무실이었다. 정종 원년에 조박의 상주로 집현전의 기능이 잠시 회복되었으나 오래가지는 못하였다. 태종 대에도 새로이 집현전을 설치하자는 주장이 있었지만 실현되지는 않았다.

세종 대에는 건국 초기의 불안이 해소되고 정국이 안정되었다. 이 때문에 세종은 유교가 표방하는 왕도 정치를 펼치고자 인재의 양성과 학문의 진흥에 많은 관심을 기울였다. 세종은 원년 12월 "일찍이 집현전을 설치하자는 논의가 있더니 어찌하여 다시 말이 없느냐? 재주와 덕망이 있는 선비 10여 명을 뽑아 날마다 경사를 강론하게 하라."는 하교를 내렸다. 그리하여 세종 2년 3월 16일에 보문각, 수문전, 집현전을 모두 폐지하고 왕립 연구소의 기능을 지닌 집현전이 새로이 궁중에 설치되었다.

이후 젊고 재주가 뛰어난 인재들이 집현전에 대거 기용되었다. 이들에게는 생활비가 지원되는가 하면 사헌부의 감찰도 면해 주는 등 여러가지 특전이 주어졌다. 또 '사가독서'라는 장기 휴가를 주어 산 속의 절 같은 곳에서 학문에 전념할 수 있도록 하였다. 오늘날 대학에서 교수에게 실시하는 안식년제와 같다고 할 수 있다. 안식년제란 일정 기간 강의를 하지 않고 연구만 진행하는 것을 뜻하는데 물론 이 기간에도 보수는 그대로 지급된다.

세종은 학사들이 연구하는 데 불편함이 없도록 많은 전적典籍을 구입하거나 인쇄하여 집현전에 보급하였다. 집현전의 가장 큰 기능은 경연에 나가 국왕에게 강론하는 것이었다. 세종은 하루에도 몇 번씩 경언을 열어 집현전 학사와 학문 전반에 대해 토론하였다.

세종은 천성이 학문을 좋아하여 어려서부터 책을 많이 읽었다. 그러므로 집현전 학사들은 열심히 학문을 닦지 않으면 안 되었다. 항상 아침 일찍 출근하여 오후 늦게까지 열심히 공부하는 것은 집현전의 자연스러운 분위기였다. 이런 과정에서 집현전은 세종 대에 학술 연구의 중심이 되어 성삼문, 신숙주 등 저명한 인물들을 배출하였다.

집현전은 각종 서적의 편찬과 훈민정음의 창제, 형벌 제도의 정비 등에서도 그 기능을 유감없이 발휘하였다.『고려사』같은 역사서, 지리지, 의학서, 농서 등의 편찬 모두 집현전이 이룬 성과이다.

세종 후기에는 국가의 시책 논의에도 참여하고 간쟁과 탄핵 등의 역할도 수행하였다. 이것은 집현전이 점차 학술 기관에서 정치적인 기관으로 그 성격이 변화하고 있음을 보여 주는 것이었다.

수양 대군이 단종을 몰아내고 왕위에 오르자 집현전 출신들은 강하게 반발하였다. 급기야 성삼문 등은 단종 복위를 꾀하다가 발각되어 처참하게 죽게 되는데 이것이 바로 사육신 사건이다. 이 때문에 세조는 집현전을 곱게 볼 리 없었다. 그래서 집현전은 곧 세조의 명으로 폐지 되고 이후 성종 대에 홍문관이 설치되어 집현전의 역할을 대신하게 되 었다.

* 1456년 6월 2일 '성삼문, 박팽년 등 단종 복위를 꾀하다 발각되어 처형당 하다' 참조

—

1659년 3월 16일

기해예송에서 남인들이 3년상을 주장하다

—

효종 10년(1659), 효종이 승하하자 효종의 모후 자의 대비의 복상 기 간을 3년으로 할 것인가 기년(1년)으로 할 것인가에 대한 논쟁이 일어 났다. 이 논쟁을 1차 예송인 기해예송이라고 부른다.

복제가 문제된 것은 효종이 가통으로 보면 차자次子가 되고, 왕통으로 보면 적자嫡子가 되므로 어느 쪽으로 보는가에 따라 복을 입는 기간이 달라지기 때문이다.

『주자가례』에 의하면 부모가 장자에 대해서는 3년상이고 차자 이하 의 아들에게는 기년상이었다. 송시열, 송준길 등의 서인들은 효종이 자 의 대비에게는 둘째 아들이므로 기년상이 당연하다고 주장하였다.

그러나 1659년 3월 16일 허목, 윤휴 등의 남인들은 효종이 왕위를 계 승하였으므로 장자로 대우하여 3년상을 해야 한다고 주장하였다. 윤휴 는『예설』을 지어 송시열과 송준길이 대륜을 어지럽힌다고 하였다. 이

에 남인이었던 윤선도도 소를 올려 송시열 일파는 종통과 적통을 나누어 종사를 위태롭게 한다고 공격하였다. 이에 서인들은 윤선도의 예론을 모함으로 다루었고 결국 그는 유배되어 서인이 승리하게 되었다.

그 뒤 예송은 표면적으로는 복제 문제라는 단순한 전례 문제로 논의되었지만 실제로는 서인 세력을 역모로 몰아 제거하고 남인 세력이 정권을 장악하려는 논쟁으로 비화되었다.

이후 1674년 효종의 비인 인선왕후가 죽자 대왕대비 조씨의 상복을 두고 논란이 벌어졌다. 바로 2차 예송인 갑인예송이다. 이때 왕권을 장악한 현종은 서인을 견제하며 '중자가 왕위를 계승하면 장자가 된다'는 논리를 내세웠다. 이에 따라 서인들은 큰 타격을 받았고 남인들이 권력을 잡게 되었다.

3월의
모든 역사

3월 17일

1431년 3월 17일

조선 춘추관, 『태종실록』을 완성하다

『태종실록』은 1401년 1월부터 1418년 8월까지 조선 제3대 왕인 태종의 재위 기간 동안의 국정 전반에 관한 역사를 기록한 책이다.

이 책의 정식 이름은 태종공정대왕실록太宗恭定大王實錄이다. 태종은 정종 2년(1400) 11월 정종으로부터 양위 받아 즉위하였으나 즉위한 이후부터 그해 말까지의 사실은 『정종실록』에 수록하였다.

태종의 재위 기간에는 왕권 강화와 중앙 집권화를 위해 제도를 개편하여 왕권을 확립하였다. 이로써 유교적 양반 관료 국가의 기틀을 마련하였다. 태종 대의 이러한 역사적 사실은 조선 초기의 역사과 문화를 연구하는 데 기초가 된다.

『태종실록』은 1920년대 이후 조선 역대 왕(태조~철종)의 실록이 여러 차례 영인될 때 함께 영인·간행되었으며 조선 시대 다른 왕의 실록과 함께 국보 제151호로 지정되었다.

『태종실록』은 태종 재위 18년간의 업적을 시간 순서대로 기록한 책
이다. 이 책은 태종이 죽은 다음 해인 세종 5년(1423년) 『정종실록』과
함께 편찬되었다. 그 이유는 태종이 생전에 세종에게 왕위를 넘겼으므
로 세종 즉위 즉시 실록을 편찬할 수는 없었기 때문이다.

『태종실록』은 원명이 『태종공정대왕실록』이었는데 즉위년 기사는
『정종실록』에 수록되었다. 처음 실록 편찬의 책임자는 변계량이었지만
변계량이 도중에 사망하여 황희와 맹사성이 그 직을 이어 받았다.

이 책은 편찬을 시작한 지 8년 만인 1431년 3월 17일에 비로소 작
업이 완성되었다. 그러나 정도전과 박포의 난에 관한 기사의 착오로
1442년 『태조실록』과 함께 다시 수정되었다.

『태조실록』의 주인공인 태종 이방원은 이성계의 다섯째 아들로 조
선 건국의 일등 공신이었다. 고려 왕조의 유지를 고집하는 정몽주를
살해한 것도 바로 방원이었다.

조선 건국의 또 다른 일등 공신은 삼봉 정도전이다. 이성계가 위화도
회군 후 집권에 성공하자 정도전은 전제 개혁을 강력히 추진하여 구세
력의 힘을 약화시켰다. 정몽주가 죽자 이성계를 왕으로 추대하고 사실
상 조선 왕조의 청사진을 모두 그렸다. 문제는 방원과 정도전이 협력자
가 아니라 라이벌이 되어 버렸다는 점이다.

사실 방원은 야심이 큰 인물이었다. 비록 장자는 아니었지만 태조 이
후의 왕권을 노리고 있었다. 왕위를 보장받는 가장 빠른 길은 세자로
책봉되는 것이었는데 오히려 어린 이복동생 방석이 그 자리를 차지하
였다.

여기에는 신덕 왕후 강씨와 정도전의 힘이 크게 작용하였다. 정도전
은 평소 국정 운영의 주도권을 재상이 쥐어야 한다고 생각하였다. 이

때문에 개국 공신이자 과단성이 있는 방원이 왕이 되면 자신의 뜻을 펼치기 어려울 것이라고 생각하였다. 또한 신덕 왕후 강씨는 방석의 생모였기 때문에 결국 둘의 이해관계가 잘 맞아떨어졌던 것이다. 결국 방원은 세자 책봉에서 탈락한 이후 정치적으로 계속 소외되었고 그의 불만은 점점 커졌다.

1398년 정도전이 요동 정벌을 계획하면서 왕자와 무장들이 보유한 사병을 혁파하려고 하자 방원의 분노가 폭발하였다. 이것은 자신을 무장 해제시켜 허수아비로 만들려는 의도가 분명하였기 때문이다.

때마침 태조 이성계가 병석에 누웠다. 방원은 정도전 일파가 태조의 병세를 빌미로 왕자들을 몰살하려 한다는 음모론을 내세워 군사를 일으켰다. 이것이 제1차 왕자의 난이었다. 이때 세자 방석과 정도전 등이 모두 살해되었다. 이제 세상은 사실상 방원의 것이나 다름없었다. 그러나 방원은 세자 직을 둘째인 방과에게 양보하고 좀 더 시간을 기다렸다. 방과는 곧 태조로부터 왕위를 물려받았으니 이가 정종이다.

정종이 즉위한 후 이번에는 방간이 왕위에 욕심을 드러내면서 방원과 대립하게 되었다. 방간의 야욕을 부추긴 인물은 박포였다. 박포는 1차 왕자의 난 때 공을 세웠다가 1등 공신에 오르지 못하자 불만을 품고 있었다. 결국 박포는 방간을 움직여 정종 2년 군사를 일으켰다. 바로 제2차 왕자의 난이었다. 그러나 이 싸움도 결국 방원 측의 승리로 끝나 방간은 유배되고 박포는 처형되었다. 이제 방원에게 더 이상의 걸림돌은 없었다.

1400년 11월, 이름만 왕뿐이었던 정종은 방원에게 왕위를 물려주었다. 태종은 왕권 강화를 위하여 공신과 외척을 대거 숙청하였다. 이 과정에서 처남인 민무구와 민무질 형제도 죽음을 당하였다. 태종의 핵심

측근이라 할 수 있던 이숙번도 축출하였다. 또한 태종은 사병을 완전히 없애고 중앙 관제와 지방 제도를 정비하였다. 한양 신도시 건설 공사를 완성하고 신문고를 설치한 것도 이때였다. 그 외에도 토지와 인구 조사를 추진하여 국가 수입의 증대를 꾀하였다.

태종은 즉위 후 장남인 양녕 대군을 세자로 삼았으나 무절제와 방탕한 생활을 이유로 충녕 대군을 다시 세자로 삼았다. 그 후 왕위를 넘기니 이가 바로 세종이다. 태종은 군사권을 쥐고 계속 실권을 행사하면서 세종의 왕권 강화에 기여하였다. 세종이 조선 역사상 성군으로 평가받을 수 있었던 것은 사실 태종의 숨은 역할이 있었기에 가능한 것이었다.

* 1400년 1월 28일 '조선, 제2차 왕자의 난이 일어나다' 참조
* 1400년 2월 4일 '방원을 세자로 책봉하다' 참조

1867년 3월 17일

독립운동가 이회영 출생

독립운동가 이회영은 1867년 3월 17일 서울 명례방 저동에서 판서 유승의 넷째 아들로 태어났다. 이회영은 이항복의 10대 후손으로 그의 집안은 이항복을 시작으로 8대 동안 판서를 배출했던 명문가였다.

1906년 국권이 기울자 이회영은 안창호를 중심으로 이갑, 전덕기, 양기탁, 이동녕, 신채호 등과 함께 신민회를 조직하고 중앙 위원으로 활약하여 구국 투쟁에 나섰다.

1909년 봄에는 양기탁의 집에서 비밀리에 신민회 간부 회의를 소집하였다. 이회영과 김구, 이동녕, 주진수, 안태국, 이승훈 등은 만주 유하현 삼원보 지역에 독립운동 기지 건설을 결의하였다.

이회영은 1910년 일제에 의하여 국권이 강탈당하자 큰 결단을 내렸다. 만주로 떠나 독립운동을 하기로 결심한 것이다. 이회영 일가는 나라의 독립을 위해 한 집안이 모두 안락한 생활을 버렸다. 삼만 석의 전답은 물론 집안의 모든 가산을 정리하여 1910년 12월 추위를 헤치고 60여 명의 대가족이 집단으로 망명하였다.

광복 후 대한민국 부통령을 지낸 이시영은 그의 여섯 형제 중 다섯째로 일찍이 장원 급제하여 당시 평안도 관찰사의 벼슬에 있었다. 그러나 이시영도 형의 권유에 따라 기득권을 포기하고 풍찬노숙의 망명길에 올랐다. 만주에 도착한 형제들은 황무지를 개간하여 독립운동 기지 건설 마련에 매진하였다.

이회영은 1911년에 교민자치기관인 경학사를 조직하고 그 다음 해에는 독립군 지도자 양성을 목적으로 신흥강습소(신흥무관학교)를 설립하였다. 이 학교는 1920년 폐교될 때까지 10년 동안 약 3,000명의 독립군을 양성하였다. 학생들의 수업료와 생활비는 이회영 집안에서 가져간 돈에서 충당되었다.

이회영을 포함한 이들 여섯 형제는 만주는 물론 베이징, 톈진, 상하이 일대를 오가며 수많은 항일 투쟁에 참여하였다. 그러나 이회영은 1932년 지하 공작망을 조직할 목적으로 상하이에서 다롄으로 이동하던 중, 일본 경찰에게 잡혔다. 이후 심한 고문을 당하여 1932년 11월 17일 끝내 옥사하였고, 1962년에 건국훈장 독립장이 추서되었다.

그의 형제 여섯 중 이시형을 제외한 다섯 형제가 모두 중국에서 눈을

감았다. 이회영 일가는 나라의 독립과 자존을 위해 많은 재산과 목숨을
바침으로써 명망가에 걸맞은 책임을 다하여 후대에 큰 귀감이 되었다.

—

1919년 3월 17일

대한국민의회, 독립 선언 발표

—

1919년 3 · 1 운동 이후 나라 안팎에는 총 7개의 임시정부가 등장하였
다. 그중 하나가 대한국민의회(노령 임시정부)이다.

조선 말기부터 러시아 극동 지역의 연해주, 흑룡주 일대에는 한인들
이 이주하기 시작하였다. 1905년 을사조약 체결 후에는 많은 애국지사
들이 일본을 피하여 이곳으로 이주하였다.

한인 사회가 형성됨에 따라 많은 단체가 생겨났다. 1917년에는 전로
한족중앙총회가 결성되어 통합되었다. 전로한족중앙총회는 1919년 2
월 대한국민의회로 개편되어 대외적인 한민족 대표 기구를 표방하고
독립운동 전개에 착수하였다.

1919년 3월 17일 대한국민의회는 노령과 만주 지방의 독립운동가를
소집하여 독립 선언을 발표하고 경축 대회를 개최하였다. 이날 중심인
물로 활동하였던 문창범, 이동휘, 최재형, 김철훈 등이 우리 민족의 자
주 독립을 천명하였고, 파리강화회의에 윤해와 고창일을 파견하여 독
립 선언을 발표하였다.

1933년 3월 17일

상하이 육삼정 의거 발생

1933년 3월 17일 백정기, 이강훈, 원심창이 중국 상하이 홍커우 육삼 정 부근에서 중국 주재 일본 대사 아리요시를 암살하려다 체포되었다.

이 사건으로 체포된 이들은 일본으로 이송되어 나가사키 지방 재판 소에서 재판을 받았다. 백정기는 종신형을 선고받고 복역 중 옥사하였 고, 이강훈과 원심창은 각각 징역 15년과 무기 징역을 선고받고 복역하 다가 8 · 15 광복 후 출옥하였다.

1976년 3월 17일

철학자 박종홍 사망

1976년 3월 17일 철학자이자 교육자였던 박종홍이 사망하였다.

그는 1903년 평양에서 태어나 평양고통보등학교를 거쳐 경성제국대 학 철학과와 대학원을 수료하였다. 1937년 이화여전 교수를 시작으로 1946년부터 1968년까지 서울대학교 교수를 지냈다.

1968년 성균관대학교 유교대학장, 1970년 한양대학교 문리과대학장 등을 역임하였다. 또한 「국민교육헌장」 기초 위원을 지냈으며 1970년 12월에는 대통령 교육문화담당 특별보좌관에 임명되었다.

대표적인 저서에는 『인식논리학』『철학개설』『철학적 모색』『현실과 구상』『지성과 모색』『한국의 사상적 방향』 등이 있다.

3월의
모든 역사

3월 18일

■
■
■

1982년 3월 18일

부산 미국 문화원 방화 사건이 발생하다

반민주적 반민족적 현 군부 파쇼 정권을 지탱시켜 주는 가장 큰 힘
은, 정치적 기반도 경제력도, 경찰력도, 군사력도 아니며, 바로 비
정상적이고 불평등한 한미관계라고 생각합니다. …… 이 시점에서
저는 과연 미국이 이 땅에 온 목적이 무엇이었던가를 묻고 싶습니
다. …… 유신정권 20년 간 미국은 민주주의를 거부하는 군부 정권
을 지원해 오지 않았습니까? …… 주한미군의 허락 없이는 대규모
의 병력 이동이 불가능하다면, 광주 사태 시 수많은 공수부대 요원
을 광주에 투입시켜 전두환 군부가 단독적으로 시민들을 학살할 수
가 있었겠습니까? …… 어찌 우방으로 자처해 온 미국이 그토록 잔
인한 광주시민 학살을 지원할 수 있단 말입니까? 광주시민을 죽인
무기는 바로 소위 '한미군사협정' 하에 우리 국민들의 세금으로 사
들였던 미국산 무기가 아니었겠습니까?

— 문부식, 대구 고법에 낸 탄원서

1982년 3월 18일 고신대학교를 비롯하여 부산 지역의 학생들이 미국 문화원에 불을 질렀다. 이것은 광주 민주화 운동에 대한 유혈 진압 및 독재 정권 비호에 대하여 미국에 책임을 묻는다는 것이었다. 즉 전두환 군사 정권을 지지한 미국에 대한 반감이 동기가 된 사건이다.

당시 문부식은 김은숙과 이미옥에게 휘발유 통을 전달한 후 미국 문화원 건너편 건물 2층으로 가서 불길이 치솟는 장면을 촬영하였다. 류승렬은 부산 국도극장 3층으로 올라가 미리 대기하고 있던 대학생 수십여 명과 함께 유인물을 뿌렸다.

이들은 '살인마 전두환 북침준비 완료' '민주주의를 염원하는 광주 시민을 무참하게 학살한 전두환 파쇼 정권을 타도하자' '미국은 더 이상 한국을 속국으로 만들지 말고 한국에서 물러가라' 등의 제목이 실린 유인물 200~300여 장을 뿌렸다.

문부식과 김은숙은 사건 발생 14일 만인 4월 1일 자수하였고 그 밖에도 11명이 경찰에 검거되었다. 다음 날 김현장이 방화 사건의 배후 조종 혐의로 체포되었고, 가톨릭 원주 교육원장 최기식 신부가 국가보안법 위반 및 범인 은닉 혐의로 체포되었다.

이 사건으로 총 16명이 기소되었으며 김현장과 문부식에게 사형이 선고되었다. 나머지도 모두 유죄 판결을 받았다.

부산 지법 재판부는 "사람이 들어 있는 건물에 불을 지른 것은 절대 용납할 수 없다."라고 판결 이유를 설명하였다. 당시 피의자들 중 허진수, 김화석 등을 변호한 변호사는 노무현이었고 담당 판사는 이회창이었다.

이 사건은 한국 내 반미 투쟁의 시발점으로 볼 수 있다. 하지만 방화라는 투쟁 방식은 시민들에게 큰 충격을 주었다. 미국 내에서도 반한 감정이 확대되어 주한미군 철수까지 거론되는 등 여론이 들끓었다.

부산 미국 문화원 방화 사건은 그동안 반미 운동이 어려운 곳으로 생각되었던 대한민국에서 발생했다는 점에서 미국은 물론 국제사회를 큰 충격으로 몰아넣은 사건이었다.

—

925년 3월 18일

박은식, 임시정부 제2대 대통령에 피선

—

1925년 3월 18일 임시정부 제2대 대통령에 박은식이 피선되었다.

박은식은 1859년 황해도 황주군에서 태어나 17세까지 서당에서 공부하였다. 1879년 혼인 이후 평안남도 삼등현으로 거처를 옮겨 이듬해 경기도 광주에서 정약용 학파의 계승자였던 신기영과 정관섭에게 학문을 수학하였다. 1885년 향시에 특선으로 합격한 후 6년 동안 숭인전 능참봉을 지냈다.

1907년 신민회가 결성되자 그곳에 가입하여 교육·출판 부문에서 민족계몽 운동에 힘썼다. 1910년 대한제국이 멸망하자 이듬해 4월 중국으로 망명하였다. 1년간 만주에 머무르면서 『동명성왕실기』『몽배금태도』『명림답부전』『천개소문전』『대동고대사론』등을 집필하였다. 1919년 10월 15일에는 상하이에서 대한교육회를 조직하여 회장 겸 편집부원으로 활동하였다.

1925년 3월 당시 상하이 임시정부는 독립운동의 이념, 방법, 지연, 인맥 등의 문제로 파벌 간의 갈등이 깊어져 내분을 겪고 있었다. 이때 이승만이 면직되고 대통령 서리 겸 국무총리를 맡고 있던 박은식이 제

2대 대통령으로 추대되었다.

그는 대통령에 취임한 이후 임시정부의 헌법을 개정하여 대통령제를 국무위원제로 고쳤다. 같은 해 8월 개정된 헌법에 따라 국무위원을 선임하고 자신은 대통령직에서 물러났다.

지병을 이유로 사임한 그는 1925년 11월 1일 67세로 눈을 감았다. 11월 4일 임시정부 최초의 국장이 치러졌고 유해는 상하이 정안길로 공동묘지에 안장되었다. 김영삼 정부의 유해 봉환 사업에 따라 사후 68년 만인 1993년 8월 서울로 봉환되어 서울 동작구 국립묘지로 이장되었다.

그는 독립 활동과 더불어 민족의 역사 연구와 서술에 매진하였다. 또한 국민의 독립 정신 함양을 통한 민족 해방 운동을 추구하였다. 광복 이후 우리 정부에서도 그의 공훈을 기리기 위하여 1962년 건국훈장 대통령장을 추서하였다.

—

1908년 3월 18일

문학 평론가 백철 출생

—

문학 평론가 백철은 1908년 3월 18일 평안북도 의주에서 태어났다.

백철은 1931년 일본 도쿄 고등사범학교 문과를 졸업한 뒤 귀국하여 개벽사의 편집부장과 함흥 영생중학교 교사를 지냈다. 1940년 「매일신보」 학예 부장으로 발탁되어 친일 언론 활동과 문필 활동을 하였다.

1952년 서울대학교 문리대 교수가 되었고 1955년 이후에는 중앙대학교 교수를 지냈다. 국제펜클럽대회 때 한국 대표로 여러 차례 참석하였으며, 제37회 대회 때는 대회장을 맡기도 했다.

1985년 10월 13일 사망하였으며 대한민국예술원상, 국민훈장 모란장, 서울특별시 문화상 등을 수상하였다. 저술로는 『국문학전사全史』 『신문학사조사』 『문학개론』 『문학의 개조』 『한국문학의 이론』 등이 있다.

—

1956년 3월 18일

세계기상기구 가입

—

1956년 3월 18일 우리나라가 세계기상기구World Meteorological Organization에 회원국으로 가입하였다.

세계기상기구는 UN 산하 전문 기구로서 국제기상기구가 1951년 개편된 것으로 약칭은 WMO이다. 이 기구는 세계 기후 프로그램 및 기상학 장비 프로그램 등을 통하여 국가 간 기상 정보를 효율적으로 교환하기 위해 설립된 것으로 본부는 스위스 제네바에 있다.

2000년 현재 179개국 185개 단체가 참여하고 있으며 북한은 1975년 5월 7일 가입하였다.

3월의
모든 역사

3월 19일

.
.
.

1974년 3월 19일

경남 창원에서 성산패총을 발굴하다

패총貝塚은 조개, 굴 등의 껍데기가 쌓여서 무덤처럼 이루어진 유적으로 조개 무덤이라고도 부른다.

패총은 19세기 초까지 자연히 퇴적한 것인가, 아니면 인위적으로 퇴적한 것인가를 둘러싸고 논쟁이 벌어졌다. 이에 덴마크 왕실에서는 조사위원회를 구성하여 인위적으로 이루어졌음을 밝혀내었다.

패총은 음식물의 쓰레기 더미라 해서 덴마크어로 kjönmodding, 영어로는 kitchen midden 또는 shell mound라고 하여 이 말이 국제적인 학술 용어가 되었다.

패총 주변에서는 사람들의 집터와 무덤이 대규모로 발견되기도 하고, 그 안에 석기 및 짐승의 뼈와 뿔 등이 잘 보존되어 있는 경우가 많다. 이 때문에 패총은 선사 시대의 생활 모습과 자연환경을 연구하는 데 중요한 자료가 된다.

성산패총은 1974년 3월 19일 창원 공단 조성을 위해 작업을 하던 중 발견되었다. 이후 문화재 관리국의 주도 아래 두 차례의 발굴 조사가 진행되었다. 유적은 구릉의 경사면에 형성된 조개무지와 정상부의 석성으로 이루어져 있었다. 이곳에서 솥, 국자, 항아리, 단지 등의 토기류와 동물의 뼈로 만든 화살촉, 낚싯바늘, 빗, 바늘 등이 출토됐다. 그 외에도 돌로 만든 칼과 도끼 등을 비롯하여 쇠로 만든 화살촉, 끌, 흙으로 만든 가락바퀴와 그물 축, 짐승의 이빨로 만든 목걸이, 청동 팔찌 등 다양한 유물들이 발견되었다.

그러나 무엇보다도 주목을 끈 것은 중국의 화폐인 오수전과 2,000년 전 철 생산을 입증하는 야철지의 발견이었다. 패각의 맨 아래층에 묻혀 있던 오수전은 중국 한나라 시대에 널리 유통되었던 화폐이다. 이것이 성산패총에서 발견되었다는 것은 중국과 이 지역 간의 무역이 활발하였음을 의미한다. 낙랑고분에서 다수의 오수전이 출토되고 있다는 사실은 이를 뒷받침하고 있다.

야철지의 발굴은 이미 예고된 것이었다. 즉『삼국지』를 보면 변한 및 가야에서 철을 생산해 일본과 중국에까지 수출했다는 기록이 남아 있는데, 야철지 발굴은 그 사실을 확인해 준 것이다. 성산패총의 야철지 유적은 당시 낙동강 하류 지역을 중심으로 발달한 변한 문화를 엿볼 수 있는 좋은 자료이다. 이 때문에 1974년 11월 2일 사적 제240호로 지정되었다. 창원시에서도 1975년 보호각을 건립하여 야철지 유적을 발굴 당시의 상태로 보존하였다.

우리나라에서는 1907년 일본인에 의해 김해 회현동 패총이 처음으로 발굴된 이후 여러 차례 패총 발굴 작업이 진행되었다. 우리 고고학자의 손에 의한 발굴은 1950년 평안남도 온천군 운하리 궁산부락의 조개무지가 처음이었다. 이때 집터가 발견되어 관심을 끌었으며 욕지도 와 연대도에서 인골이 남아 있는 매장 유구가 발견되어 당시 주민들의 체질 연구에 도움을 주었다.

한편 부산 동삼동 패총은 약 반만년에 걸쳐 형성되어 남해안 지방의 신석기 문화 연대를 설정하는 기준이 되었다. 패총의 조개들은 바닷조 개와 민물조개 등이 섞여 있었다. 이것은 해안선의 변화와 관련이 있 다. 패총은 또 그 규모에서 많은 차이가 나타나는데 이것은 패총 주변 에 거주했던 취락의 크기와 거주 기간이 서로 다르기 때문이다.

패총은 흔히 조개무지라는 순수 우리말로 더 잘 알려져 있는데, 전 세계 얕은 해안 지역에 고루 분포되어 있다. 특히 강물이 바다로 흘러 드는 곳은 조개가 서식하기에 좋은 지역이다. 남해안과 서해안에서 동 해안보다 훨씬 많은 패총이 발견되는 이유는 그 때문이다.

우리나라의 경우 신석기 시대 초기부터 나타나기 시작하여 중기나 후기에 가장 많이 확인된다. 이후 청동기 시대에는 잠시 뜸하다가 철 기 시대에 들어서면서 다시 남해안 지역을 중심으로 대규모의 패총 이 형성된다. 이러한 현상은 청동기 시대에는 주로 농경 위주의 생활 을 하다가 철기 시대에 산업이 다양화되었기 때문이다. 처음에 패총은 인간이 남긴 것이 아니라 시간이 흐르면서 자연스럽게 퇴적된 것으로 보았다. 그 때문에 초기의 동물학자들은 주로 연체동물의 연구를 위해 접근하였다.

전 세계적으로 패총은 약 1만 년 전인 신석기 시대부터 만들어진 것 으로 파악된다. 패총이 구석기 시대의 유적으로 발견되지 않는 것은 당시의 기후나 지형 조건이 조개가 번창할 수 있는 환경이 아니었기 때문이다.

패총이 고고학적으로 주목받는 이유는 조개껍데기가 지닌 석회질과
관련이 있다. 이로 인해 그 안에 묻혀 있는 토기나 석기 등 실생활에서
사용되던 많은 유물들이 오랜 시간 동안 잘 보존되어 있었던 것이다.
즉 패총 속에 잠들어 있는 유물을 통해 우리는 수천 년 전 이 땅에 살았
던 사람들의 생활과 당시의 자연환경 등을 엿볼 수 있다.

1921년 3월 19일

나혜석, 여자 화가 최초 개인전 개최

1921년 3월 19일 나혜석이 한국 여자 화가로는 처음으로 개인전을
열었다. 서울 경성일보사 건물 안 내청각에서 열린 그녀의 개인전은 서
양화 전시회로 유화가 무엇인지 알려주는 계기가 되었다.

나혜석은 1896년 4월 28일 경기도 수원에서 부유한 관료의 딸로 태
어났다. 그녀는 진명여자고등보통학교를 거쳐 1918년 일본 도쿄 여자
미술학교 유화과를 졸업하였다. 이후 1922년부터 1932년까지 총독부
주관의 조선 미술 전람회에 출품하여 입선과 특선을 연달아 차지하며
그 재주를 드러내었다. 그녀는 문학적인 재주도 뛰어나 1914년 도쿄
조선인 유학생 잡지 『학지광』 3호에 「이상적 부인」을 처음 발표하였으
며 1918년에는 소설 「경희」를 썼다.

나혜석은 글과 그림에서 여성도 인간이라는 사상을 담았으며, 생활
에서도 몸소 실천을 보인 진보적인 여성이었다. 뿐만 아니라 민족의 독
립을 위해 힘쓴 독립운동가였다. 그녀는 3·1 운동이 일어나자 박인덕,
신준려, 황에스더, 김마리아 등과 이화학당 지하실에서 3·1 운동에 참

가할 계획을 세우다가 체포되어 5개월간 옥고를 치렀다. 결혼 후 부영
사로 부임한 남편과 함께 중국에 거주할 때에는 외교관 부인이라는 신
분을 이용하여 독립운동가들의 편의를 돌보기도 하였다.

　1927년 6월 남편과 함께 떠난 구미 여행에서 나혜석은 다시 한 번 큰
변화를 맞이하였다. 서양의 여성들이 인간적인 생활을 위해 얼마나 노
력하는지 직접 눈으로 목격한 것이다. 예술의 도시 파리에서는 새로운
그림에 눈을 떠 많은 유화를 그렸는데 「스페인 국경」「스페인 해수욕
장」「무희」「파리 풍경」「나부」 등이 대표적이다.

　그러나 니혜석은 파리에서 예술을 논했던 최린과 사랑에 빠져 이
혼당했다. 그 후 사회적 냉대와 경제적 궁핍으로 쓸쓸히 생활하다가
1948년 12월 10일 52세를 일기로 세상을 떠났다.

―

1952년 3월 19일

광무신문지법 폐지안 국회 통과

―

　국회는 1952년 3월 19일 야당의 주도로 공포된 광무신문지법 폐지
안을 통과시켰다. 이 법은 1907년 이완용 내각이 법률 제1호로 공포하
여 일제 강점기를 거쳐 정부 수립 이후까지 존속되었던 것이다.

　광무신문지법은 한국 최초의 언론 관계 법률로 신문, 잡지 등 정기
간행물에 대한 행정적 규제와 형사적 제재를 규정한 것이었다. 또한
정기 간행물 발행의 허가제와 보증금제를 두어 발행 허가를 억제하고
허가받은 정기 간행물도 발매, 반포 금지, 발행 정지, 발행 금지 등의 규
제를 가할 수 있도록 되어 있었다.

즉 1910년 국권 강탈 이후 일제가 언론에 대한 규제와 단속을 통해 한국을 지배할 목적으로 만든 법이었다. 일제는 이 신문지법을 악용하여 정기 간행물의 허가를 극도로 억제하였고, 민족 언론을 탄압하는 도구로 사용하였다.

1945년 8·15 광복 이후에도 이 신문지법은 미군정 법령에 의한 명시적인 폐기 조항이 없어 법의 효력에 대하여 논란이 많았다. 특히 1948년 5월 21일 대법원에서 '법률 전부를 일괄적으로 판단할 수는 없고 개개의 조항마다 그 적용 시 차별적인 효과를 발생케 하느냐를 판단하여 폐지 여부를 결정하여야 한다'고 판시하여 광무신문지법이 아직도 부분적으로 존속한다는 판례를 남겼다.

1948년 10월 13일에는 공보처장이 이 신문지법을 적용하여 「조선통신」을 폐간하였다. 이어 급기야 29일에는 「국민신문」의 발행 허가를 취소하여 광무신문지법은 사실상 지속적으로 효력을 발휘하고 있었다.

1949년 정부 수립 이후 새로운 언론 관련법이 정부에 의해 입안되었다. 하지만 그 내용에 대하여 언론계는 언론의 자유 침범을 이유로 강력하게 반발하여 수차례 입법 추진이 무산되었다. 이 때문에 결국 광무신문지법은 1952년 3월 폐지 때까지 존속하였다.

1975년 3월 19일

제2의 땅굴, 휴전선 부근에서 발견

1975년 3월 19일 강원도 철원 동북방 13km 지점 중앙 분계선 남쪽 900m 지점에서 땅굴이 발견되었다.

이 땅굴은 북한이 속전속결을 위한 기습 작전을 목적으로 휴전선 비무장 지대 지하에 굴착한 남침용 군사 통로이다. 전술 능력 면에서 시간 당 약 3만 명의 무장 병력과 야포 및 차량 등이 통과할 수 있는 규모이다.

땅굴은 육군 공병대의 굴착 작업으로 발견되었으며 아치형으로 폭이 상부 2.1m, 하부 2.2m, 높이 2m, 길이 약 3.5km에 달하는 화강암층 굴착 구조로 마무리 공사가 끝나지 않은 상태였다. 만일 마무리 공사가 이루어졌다면 전차의 침투도 가능한 땅굴이었다.

이날 발견된 땅굴은 1974년 11월 11일 경기 연천 고랑포에서 발견된 제1 땅굴 크기의 약 5배에 이르며, 이후 비무장 지대에서는 2개의 땅굴이 추가로 발견되었다.

1993년 3월 19일

정부, 비전향 장기수 이인모를 북한으로 송환하다

1993년 3월 19일 우리 정부는 비전향 장기수 이인모를 판문점을 통해 북측에 인계하였다.

이인모는 함경남도 풍산군 출신으로 6·25 전쟁 때 공산군 종군 기자로 참가하였다가 1952년 인민군이 퇴각한 후 덕유산과 지리산에서 빨치산 활동을 하다가 체포되어 7년간 복역하였다. 이후 1961년 다시 붙잡혀 15년을 선고받는 등 34년간의 옥살이 동안 사상 전향을 하지 않았다.

이에 김영삼 정부는 인도적 차원에서 이인모를 조건 없이 북한으로 보내기로 결정하였다. 북한은 이인모가 판문점에서 평양에 도착할 때까지의 실황을 중계하는 등 영웅으로 대접하였다. 평양 시민 30여 만 명이 그를 환영하였다. 김일성이 친히 병문안하였고 이인모에게는 영웅 칭호와 국기훈장 1급을 수여하였다.

그는 북으로 송환된 뒤 가족과 함께 생활하다가 2007년 6월 16일 생을 마감하였다. 유해는 애국렬사릉에 안장되었다.

1971년 3월 19일

고리 원자력 발전소 1호기 착공

1971년 3월 19일 국내 최초의 원자력 발전소 고리원전 1호기가 경상남도 동래군 장안면 고리 현장에서 공사를 시작하였다.

고리원전 1호기는 7년간의 공사 끝에 1978년 4월 29일 처음 상업 운전을 시작하여 7월 20일부터 본격 가동되어 전력을 공급하기 시작하였다. 고리 원자력 발전소 1호기는 미국 웨스팅하우스사가 제작한 것으로 시설 용량은 58만 7,000kW이다. 이로써 우리나라는 21번째 원자력 발전국이 되었다.

3월의
모든 역사

3월 20일

■
·
■

1871년 3월 20일

흥선 대원군, 전국의 서원을 철폐하다

만동묘를 창건하게 된 것은 우암 송시열의 뜻이었다. 그 옆에 송시
열의 사당을 세웠으니 이것이 세상에서 일컫는 화양동 서원이다.
이후 화양동 서원은 서원 부패를 상징하는 곳으로 지칭되었다.
서원의 책임을 맡은 자가 관내의 무단 자제들을 이끌고 묵패로 평
민을 잡아다가 때리는 일이 많았다. 폐단이 많아서 그들을 가리켜
가죽을 뚫고 골수를 빨아먹는 남방의 좀이라고 불렀다.

- 황현, 『매천야록』

조선에 처음으로 서원이 설립된 것은 중종 때였다. 풍기군수 주세
붕이 백운동 서원을 세워 안향을 제사 지내고 인근 자제들에게 유학
을 가르쳤던 것이다. 그 후 퇴계 이황의 건의로 전국 각지에 서원이 설
립되었는데 국가로부터 소수 서원이란 사액과 서적과 노비 등을 하사
받았다.

그러나 조선 후기에 이르러 서원이 지나치게 남발되어 국가 재정에
상당한 압박을 가하고 파당의 근거지가 되었다. 또 서원의 위세를 빌어
관내의 백성들을 협박하고 금품을 강요하는 일들이 수시로 자행되었
다. 이 때문에 조정에서는 서원이 늘어나는 것을 가능한 막으려고 하였
다. 영조 대에는 300여 곳에 달하는 서원이 철폐되었지만 서원의 폐단
은 여전하였다.

1864년 1월 17일 흥선 대원군은 섭정을 시작하자마자 대대적으로
서원을 정리하기 시작하였다. 조정의 권위를 떨어뜨리고 민폐의 온상
이었던 서원을 없앰으로써 백성들의 사기를 올리고 조세 수입을 증대
시키고자 한 것이다. 고종 원년 7월 대원군은 의정부로 하여금 전국의
서원을 엄밀히 조사하여 그 존폐 문제의 검토를 지시하였다.

당시 서원과 향사 중에서 가장 많은 물의를 일으키고 원성을 샀던 곳
은 청주의 화양 서원과 만동묘였다. 화양 서원은 노론의 영수였던 송시
열을 배향해 그 영향력이 막강하였다. 또 만동묘는 송시열의 유지에 따
라 명나라의 신종과 의종을 추모하기 위해 설립한 것이었는데 두 곳 모
두 심한 착취를 일삼고 있었다.

드디어 고종 2년 3월, 대원군은 우선적으로 만동묘의 철폐를 단행하
였다. 이 조치는 유생들에게 실로 충격적인 조치였다. 전국의 유림이
반발하였지만 이것은 시작에 불과하였다. 황현의 『매천야록』에 따르면

대원군이 이곳에서 어느 유생에게 모욕을 당해 복수의 칼날을 휘두른 것으로 기록되어 있다. 물론 이것이 만동묘와 서원 철폐의 한 요인이 되었을지는 모르지만 그만큼 서원의 병폐는 심각하였다. 그러나 만동묘 철폐 후 경복궁 중건과 병인양요 등 나라 안팎으로 정세가 복잡해지자 서원의 철폐는 잠시 보류되었다.

그 후 1868년 병인양요를 치른 뒤 재정이 극도로 궁핍해자 다시 서원의 철폐가 본격적으로 거론되었다. 대원군은 사액 서원을 각 지역의 수령이 직접 주관하게 하였으며, 서원의 토지에 대한 면세 규정을 폐지하였다.

1871년 3월 20일, 대원군의 서원 철폐 정책은 절정에 달하였다. 대원군은 전국에 엄명을 내려 선유 1인에 대하여 두 개 이상 중복 설립된 서원이나 향사를 모두 철폐할 것을 지시하였다. 여기에는 사액 서원도 예외가 될 수 없었다. 또 선유라 하더라도 도학과 절의가 탁월하여 문묘에 배향된 인물로 제한하였다.

서원 철폐령이 내려지자 전국의 유생들은 분개하여 격문을 돌리고 궐기하였다. 이들은 대표자를 뽑아 서울에 집결하여 경복궁 앞에서 항의 시위를 벌였다. 그러나 대원군의 자세는 요지부동이었다. 그는 "진실로 백성에게 해가 되는 자라면 비록 공자가 되살아난다 해도 용서하지 않을 것이다."라며 군졸을 풀어 시위대를 해산시키고 한강 건너로 축출하였다. 결국 전국 600여 곳의 서원 중 47개만이 겨우 남았다.

대원군의 서원 철폐는 위험 부담이 큰 과감한 정책이었다. 그러나 서원 철폐는 지방에 대한 중앙의 통제력을 강화시키고 국가 재정을 확충하는 데 도움이 되었다. 지방 유생들의 착취에서 벗어난 일반 백성들도 이 조치를 환영했음은 당연하였다. 그러나 서원 철폐는 후일 대원군이 하야하는 한 원인으로 작용하였다.

안동의 도산 서원과 병산 서원은 이때 살아남은 서원들이다. 두 서원은 역사적 의미뿐만 아니라 문화재적인 가치로도 주목을 받는다. 도산 서원은 천 원 권 지폐에 그 전경이 실려 있어 우리에게 아주 익숙하다. 병산 서원은 유성룡을 배향하는 서원으로 우리나라에서 가장 아름다운 서원으로 꼽힌다. 특히 자연환경과 건물의 어우러짐이 단연 돋보인다. 도산 서원이 그 구조가 복잡하여 명쾌하지 못하다면 병산 서원은 만대루를 통해 주위 경관과 건물이 하나가 되어 아주 멋진 조화를 이루고 있다.

* 1864년 1월 17일 '흥선 대원군 이하응 섭정 시작' 참조

—

1946년 3월 20일

제1차 미소공동위원회 개최

—

덕수궁 석조전에서 열린 예비회담에 이어 1946년 3월 20일 제1차 미소공동위원회 본회담이 열렸다.

미소공동위원회는 1945년 12월 모스크바 삼상회의의 결정에 따라 한국에 대한 신탁 통치와 임시 정부 수립을 지원하기 위하여 남쪽의 미군 점령군과 북쪽의 소련 점령군 대표가 구성한 위원회이다.

그러나 이날 회담은 시작부터 순조롭지 못했다. 양측은 임시정부 수립을 위한 남북의 정당과 사회단체의 참가 문제에서부터 합의점을 찾지 못하였다. 모스크바 삼상회의의 결정은 한반도에서 임시정부 수립

에 필요한 5년간 신탁 통치를 전제로 하는 것이었다. 또한 공동위원회
는 임시정부 수립 논의에 남북 조선의 민주주의 정당 및 사회단체와 협
의할 것을 규정하였다.

한편 신탁 통치안에 대하여 남한의 우익 정당과 사회단체는 적극 반
대하였다. 그런데 소련 측 대표는 모스크바 삼상회의 결의를 반대하는
정당과 사회단체는 임시정부 구성에 참여시킬 수 없다고 주장하였다.
반면 미국 측 대표는 의사 표시의 자유 원칙에 입각하여 신탁 통치안
을 반대한다고 하여 임시정부 수립에서 제외될 수 없다는 입장을 취
하였다.

결국 양측은 의견 차이를 좁히지 못하고 5월 1일 공동성명 제7호까
지 발표하였으나 5월 6일 무기 휴회하였다.

* 1946년 1월 16일 '미소공동위원회 예비회담 개최' 참조

1956년 3월 20일

시인 박인환 사망

1956년 3월 20일 시인 박인환이 30세의 나이로 요절하였다.

박인환은 1926년 8월 15일 강원도 인제에서 태어났다. 그는 경성제
일고보를 거쳐 평양의전을 중퇴하였다. 그는 책을 좋아했던 까닭에 해
방 후 종로 파고다 공원 근처에서 '마리서사'라는 서점을 운영하였다.
이때 많은 문우들과 교류하며 자연스레 시를 쓰게 되었는데 1946년
「거리」를 발표하며 등단하였다.

1949년 김경린, 김수영, 양병식, 임호권과 함께 5인 합동 시집『새로운 도시와 시민들의 합창』을 발간하여 모더니즘의 기수로 주목받았다. 그는 1950년대 전쟁과 비극, 퇴폐와 무질서, 불안 등의 시대적 고뇌를 신선하고 리듬 있는 언어로 노래하였다.

그의 대표작으로 꼽히는「목마와 숙녀」는 도시적인 서정성과 시대적 고뇌를 노래하였다. 또한 우리에게 잘 알려진「세월이 가면」은 그가 작고하기 얼마 전, 명동의 한 술집에서 휴지에 써 내려간 시이다. 그때 동석했던 이진섭이 즉석에서 작곡하고 나애심이 불렀던 노래로 훗날 세인의 애창곡이 되었다.

그 외의 작품으로는「불행한 신神」「검은 신神이여」「최후의 회화會話」「신호탄」「고향에 가서」「문제되는 것」등이 있다.

그는 이상李箱을 기린다며 사흘간 쉬지 않고 술을 마신 것이 원인이 되어 1956년 3월 20일 심장마비를 일으켜 사망하였다. 1976년에는 그의 20주기를 맞아 시집『목마와 숙녀』가 간행되었다.

—

1902년 3월 20일

한성과 인천 간 전화 통신 개시

—

1902년 3월 20일 관용으로 궁내부에 개통되었던 한성과 인천 간 공중 시외 전화가 가설되었다. 이로써 우리나라는 인천에 관용과 공중전화가 모두 가설됨으로써 본격적인 전화 사업이 시작되었다.

1903년부터는 인천 전화소에서 교환 업무가 시작되어 민간인들도 시외 전화를 사용할 수 있게 되었다.

3월의
모든 역사

3월 21일

■
■
■

2000년 3월 21일

현대그룹 정주영 회장이 별세하다

"나는 젊었을 적부터 새벽 일찍 일어난다. 왜 일찍 일어나느냐 하면 그날 할 일이 즐거워서 기대와 흥분으로 마음이 설레기 때문이다. 아침에 일어날 때 기분은 소학교 때 소풍가는 날 아침, 가슴이 설레는 것과 꼭 같다.

또 밤에는 항상 숙면할 준비를 갖추고 잠자리에 든다. 날이 밝을 때 일을 즐겁고 힘차게 해치워야겠다는 생각 때문이다. 내가 이렇게 행복감을 느끼면서 살 수 있는 것은 이 세상을 아름답고 밝게, 희망적으로, 긍정적으로 보기 때문에 가능한 것이다."

- 정주영, 1983년 신입사원 하계수련대회 특강

정주영은 현대그룹의 창업자로, 1915년 11월 25일 강원도 통천군 송전리 아산 마을에서 6남 2녀 중 장남으로 태어났다.

그는 8세 때 송전보통소학교에 입학하여 13세에 졸업하였다. 그래서 그의 최종 학력은 소학교 졸업이 전부다.

정주영은 가난에서 벗어나기 위해 몇 차례 가출을 반복한 끝에 1937년 9월 경일상회라는 미곡상을 시작하였다. 이것이 그가 처음 시작한 사업이었다. 1946년 4월에는 미군정청 산하기관인 신한공사에서 적산을 불하할 때 초동의 땅 200여 평을 불하받아 현대자동차공업사를 설립하였다. 1947년 5월 현대토건사를 설립하면서 건설업에도 손을 댔다. 1950년 1월 현대그룹의 모체가 된 현대건설주식회사를 설립하였는데 이때 자본금은 3,000만 원이었다.

6 · 25 전쟁이 발발하자 정주영은 모든 것을 버리고 동생 정인영과 부산으로 피난하였다. 이때 동생 정세영이 미군사령부의 통역 장교로 일했던 덕에 서울에서 토목 사업을 계속할 수 있었으며 서울 수복 후, 미8군 발주 공사를 거의 독점하였다. 1968년 2월에는 박정희 대통령의 경부고속도로 건설 계획을 지지하여 경부고속도로 공정을 담당하였다.

1971년 현대그룹 회장에 취임하였으며 1972년 현대조선소를 기공하였다. 이듬해 울산조선소 1호선을 기공한 후 현대조선중공업주식회사를 설립하였다. 1977년에는 아산사회복지사업재단, 1983년에는 현대전자주식회사를 설립하였다.

정주영은 1992년 통일국민당을 창당하고 그해 12월 제14대 대통령 선거에 출마하였다. 그러나 근소한 차이로 김영삼 후보에게 석패한 이후 정계 은퇴를 선언하고 기업 활동에만 전념하였다.

1989년에는 북한과 소련을 방문하여 금강산 공동 개발 의정서에 서
명하였다. 1998년 2월 김대중 대통령이 당선되어 국민의 정부가 출범
하자 그는 정부의 대북 포용 정책에 발맞춰 금강산 개발 사업을 추진하
여 세간의 이목을 끌었다.

1998년 6월 16일에는 통일소라고 이름 붙인 소 500마리를 끌고 판
문점을 통해 북한을 방문하였다. 이어 10월 27일 2차로 소 501마리를
가져가 금강산 관광 사업에 관한 합의를 이루어 냈다. 이후 대북 사업
을 위해 1999년 2월 현대아산을 설립하였다.

정주영 회장의 소떼 방북으로 남북 민간 교류의 물꼬가 트였다. 군
사 분계선을 넘는 소떼의 모습은 전 세계의 이목을 집중시켰고 그에
게는 찬사가 쏟아졌다. 그러나 2000년 무렵 건강이 악화되었고, 이듬
해 폐렴으로 인한 급성호흡부전증으로 사망하였다.

그는 제1회 한국경영대상(1987), 국민훈장 무궁화장(1988), IOC훈장
(1998), 노르웨이 왕실훈장(1998) 등을 수상하였고, 『타임』지 선정 '아
시아를 빛낸 6인의 경제인'(1996) 등에 선정되었다.

저서에는 회고록 『시련은 있어도 실패는 없다』(1991), 자서전 『이 땅
에 태어나서』(1998) 등이 있다.

* 1989년 1월 23일 '금강산 남북 공동 개발 의정서 체결' 참조

1972년 3월 21일

일본에서 고구려계 고분 벽화가 발견되다

1972년 3월 21일 일본에서 고구려계 고분 벽화가 발견되었다. 일본 나라현 아스카에 소재한 나라현립만엽문화관 고고학 연구소는 이날 히노쿠마 언덕에 있는 다카마쓰 고분을 발굴하였다. 이 고분의 석실 안에서 옛 고구려 벽화와 유사한 채색 벽화가 발견되었다.

그러나 조사단은 "이 고분의 벽화는 조선의 벽화와 유사하며 아마도 귀인의 분묘 같다."라는 짤막한 발표 이후 발굴을 중단해 버렸다. 그 후 비밀리에 다시 발굴이 시작되었는데, 일본 궁내청은 최첨단 시설을 동원하여 보존에 완벽을 기하는 한편 일반인에게는 고분의 열람은 물론 접근마저 금지하였다.

미리 도굴된 흔적이 있는 이 고분에서 해수포도무늬거울을 비롯한 많은 부장품이 발굴되었다. 일본에서는 처음으로 다카마스 고분에서 벽화가 발견되었기 때문에 그 기원과 전래 과정에 대해 학계의 관심이 집중되었다.

석실 벽에는 중국과 한국의 고분에서 자주 발견되는 사신도가 그려져 있었는데, 남쪽 벽의 주작도는 도굴 때 훼손되었다. 동서 양쪽 벽에는 금박과 은박으로 해와 달의 모습이, 그 좌우에는 네 명의 여자와 남자의 군상이 각각 그려져 있었다. 또 천장에는 북두칠성 등 20여 개의 성좌도가 배치되어 있다. 소우주를 상징하는 매우 희귀하고 귀중한 고분으로 문화적으로나 학술적으로도 가치가 매우 높다.

이 고분의 피장자가 누구인지는 밝혀진 바 없다. 하지만 벽화의 사신도가 고구려의 중화 진파리 1호분 및 강서삼묘의 대묘·중묘의 것과 유사한 양식과 기법을 보이고 있어 8세기에 그려진 것으로 파악하였다. 또한 부장품이나 벽화의 주제로 보아 왕 또는 왕족 등의 고분일 것으로 추정하였다.

—

1919년 3월 21일

대한국민의회, 정부 수립 선언

—

1919년 3월 21일 러시아의 대한국민의회(노령 임시정부)는 5개조의 결의안을 채택하고 정부 수립을 선언하였다.

이 결의문의 주요 내용은 자주 독립의 정당성과 한일 합방 조약의 무효, 파리평화회의에 정부 수립 승인 요구, 정부 수립 공표, 상기의 사항이 이루어지지 않을 경우 일본에 대한 혈전 포고 등이었다.

대한국민의회의 대통령에는 손병희, 부통령에는 박영효가 임명되었으며 이승만, 윤현진, 이동휘, 안창호, 남형우, 유동열, 김규식 등이 행정부에 임명되었다. 임시정부로서는 가장 먼저 수립되었던 대한국민의회는 후에 상하이 임시정부와의 교섭에 의하여 해산·통합되었다.

* **1919년 3월 17일 '대한국민의회, 독립 선언 발표' 참조**

3월의
모든 역사

3월 22일

■
·
■

1962년 3월 22일

윤보선 대통령, 하야 성명을 발표하다

친애하는 국민 여러분!

나는 오늘 대통령직에서 완전히 물러날 것을 성명하는 바입니다. 원래 덕이 없는 이 사람이 국가원수 직에 있었던 1년 8개월 동안에 일어났던 모든 일에 대해 나는 그 책임을 느끼는 바입니다.

회고하면 1960년 4월 혁명으로 자유당 독재 정권이 무너지고 작년 1961년 5월 군사 혁명을 연거푸 겪지 않으면 안 될, 조국의 불행한 사태를 나는 극히 유감스럽게 여겨 왔으며, 또한 이러한 사태가 나의 대통령 재임 중에 발생하여, 국민들에게 더욱 송구하게 느끼는 바입니다.

군사 혁명 이후, 나는 한때 대통령직에서 물러날 결심을 한 바 있으나 내가 이 뜻을 꺾고 그대로 머무르고 있었던 것은, 나의 개인의 생각보다 국가 장래의 형편을 보아야겠다는 뜻 이외에는 없었던 것입니다.

- 윤보선, 하야 성명

1960년 이승만 정권은 '3 · 15 부정 선거'라는 유례없는 선거 부정을 저질렀다. 이에 국민들이 대대적으로 봉기하자 이승만은 결국 대통령 직에서 물러났다. 이후 국회에서는 민주당의 주도 아래 내각 책임제 개헌안을 통과시켰다. 그리고 새 헌법에 의해 7월 29일 민의원과 참의원을 구성하기 위한 총선거가 실시되었다.

선거 결과는 예상대로 민주당의 압승이었다. 민의원은 명목상의 대통령에 민주당 구파 윤보선을, 실질적인 권력을 행사하는 국무총리에는 민주당 신파인 장면을 선출하였다. 제2공화국이 수립된 것이었다.

그러나 집권 후 민주당은 구파와 신파 간에 심각한 내분이 일어났다. 이들은 이승만 정권 때부터 이미 갈등을 겪고 있었다. 서로 이질적인 세력들이 결합된 탓이었다. 구파가 지주 세력 위주의 정통 야당 출신들이라면 신파는 자유당 인사나 흥사단계 사람들이 많았다.

장면은 총리에 임명되자 어느 한 파에 치우치지 않도록 신구파와 무소속의 균형 있는 내각을 만들겠다고 약속하였다. 그러나 막상 발표된 내각 명단은 신파 일색이었다. 이에 구파는 강력히 반발하였다. 이것은 정책이나 이념의 대립이 아니라 오직 파벌 간의 이해관계를 놓고 벌어진 권력 투쟁이었다.

마침내 구파는 김도연을 중심으로 분당을 결행하여 신민당을 창당하였다. 그런데도 민주당은 또 소장파와 노장파로 나뉘어 분쟁이 그치지 않았다. 이 때문에 장면은 9개월의 집권 기간 동안 무려 4차례나 내각을 구성하였다. 이러한 민주당의 분열은 장면 내각의 정치적 기반을 약화시켰으며 국민들의 뜨거운 개혁 요구도 실현할 수 없었다.

이 때문에 사회는 연일 시위로 들끓었고 이 혼란을 틈타 박정희가 1961년 5월 16일에 군사 쿠데타를 일으켰다. 장면 총리는 황급히 몸을 피해 수녀원에 잠적하였다. 이것은 너무나 비겁한 행동으로 국민에 대한 배신이었다. 윤보선은 자신의 자리를 지켰지만 군사 쿠데타를 용인하는 태도를 보였다. 이날 청와대에 무장을 하고 찾아 온 박정희 일행에게 던진 첫마디가 그랬다. "올 것이 왔구나!" 이 말은 이미 그가 이 사태를 미리 알고 있었다는 의심을 사 두고두고 논란이 되었다.

처음부터 쿠데타를 반대했던 미8군 사령관인 매그루더 장군은 무력 진압을 주장하였지만 윤보선은 유혈 사태를 이유로 반대하였다. 쿠데타 세력들은 윤보선에게 '인조반정'을 거론했다고 하는데, 아무래도 이와 무관하지 않은 듯하다. 여기서 인조반정은 장면 대신 윤보선에게 권력을 넘겨주겠다는 의미였다.

군사 쿠데타 직후인 5월 19일 윤보선은 하야 성명을 발표했으나 이튿날 아침 번복하였다. 당시 외무부가 군인들에게 국제 관계를 고려하도록 건의한 것이 큰 영향을 미쳤다. 윤보선은 이후 10개월 동안 대통령직에 머물렀다.

그러나 이듬해 3월 박정희가 구 정치인들의 손발을 묶는 정치 활동 정화법을 제정하자 윤보선은 이에 불만을 품었다. 결국 1962년 3월 22일 두 번째 하야 성명을 발표하고 대통령직을 사임하였다. 물러나지 않으면 쫓겨나야 할 운명임을 알았기 때문이었다.

당시 윤보선에게 민주당과 장면 총리는 사사건건 충돌하고 대립하는 적이었다. 그러므로 장면 정권을 축출한 세력은 일종의 아군이었다. '적의 적은 아군'이라는 논리가 작용했다고 할 수 있다. 이런 정치적인 이해 때문에 그는 적극적으로 저항하지 않았다.

즉 윤보선은 혁명 공약대로 군인들이 곧 본연의 임무로 돌아가면 자신이 명실상부한 권력을 잡을 수 있다고 믿었던 것이 분명하다. 그러나 그것은 욕심이었고 환상일 뿐이었다. 그들에게도 권력은 절대 놓치기 싫은 달콤한 꿀단지였기 때문이다.

* 1960년 3월 15일 '3 · 15 부정 선거가 일어나다' 참조
* 1961년 5월 16일 '5 · 16 군사 쿠데타가 일어나다' 참조

1967년 3월 22일

북한 중앙통신 부사장 이수근 위장 귀순 사건

이 사건은 북한의 중앙통신사 부사장 이수근이 판문점을 통하여 위장 귀순했다가 제3국을 통하여 귀환하려던 사건이다.

그는 3년여에 걸친 판문점 출입으로 알게 된 한국인에게 은밀히 귀순 의사를 밝혔고 마침내 1967년 3월 22일 판문점을 통해 극적인 남행을 감행하였다.

당시 이수근은 판문점에서 열린 제242차 군사 정전위원회가 끝나자, 벤크로프트 준장의 차에 뛰어 올랐다. 그를 태운 차량은 북한군이 쏘는 총알을 뒤로하고 남쪽으로 돌진하였다. 이날 언론은 첩보 영화를 방불케 하는 귀순의 주인공이 북한 중앙통신사 부사장 이수근임을 보도하였다.

국민들은 그를 열렬히 환영하였다. 이듬해 8월에는 당시 한 대학 조교수였던 이강월과 결혼하였다. 이후 서울 성북구 하월곡동에 정착하였으며 각종 반공 강연에서 북한의 실상을 폭로하였다

그로부터 2년 후인 1969년 1월 31일, 베트남 경찰은 콧수염과 가발

로 변장하고 위조한 여권을 소지한 채 홍콩에서 사이공으로 들어온 이수근과 처조카 배경옥을 체포하였다. 중앙정보부는 그가 '위장 귀순 간첩'임을 발표하였다. 당시 이수근은 항소하지 않았고 1969년 4월 대법원의 사형 확정 판결을 받은 후, 그해 7월 2일 서대문 형무소에서 형이 집행되었다.

하지만 진실 화해를 위한 과거사정리위원회는 이수근이 간첩으로 몰린 이 사건은 당시 중앙정보부의 조작이었다고 결론 내렸다.

이에 이수근의 처조카 배씨는 재심을 청구하였고 재심을 맡은 법원은 판결문에서 이 씨를 위장 간첩으로 인정할 증거가 없고, 따라서 배 씨가 간첩 행위를 방조했다는 점도 받아들일 수 없다며 2008년 12월 이수근과 배경옥에게 무죄를 선고하였다.

1624년 3월 22일

이괄, 부하 장수 기익헌 · 이수백에게 피살

1624년 3월 22일 난을 일으켰던 이괄이 피살되었다. 서대문 밖 안현(길마재)에서 장만에게 패하여 도주하는 도중 이천 묵방리에서 기익헌과 이수백에게 목이 잘렸다.

이괄은 인조반정에 가담하여 공을 세웠으나 논공행상에서 밀려 일등공신이 되지 못하자 불만을 품고 있었다. 그러던 중 인조 2년(1624) 정월 문회 등이 "이괄과 그의 아들 이전 및 순변사 한명연 등이 모반을 꾀하고 있다."라고 고변하자 공신들에 대한 적개심이 폭발하여 반란을 일으켰다.

이괄의 피살로 난은 끝났다. 그러나 조선을 침략할 빌미를 찾던 후금의 태종에게 '광해군을 위해 보복한다'는 구실을 주어 이후 정묘호란이 발발하였다.

* 1624년 1월 24일 '이괄의 난이 일어나다' 참조
* 1627년 1월 13일 '후금, 조선 침입으로 정묘호란 발발' 참조

1975년 3월 22일

김제 벽골제 수문지 발굴

1975년 3월 22일 김제 벽골제 수문지가 발굴되었다. 우리나라에서 가장 크고 오래된 저수지 둑인 벽골제는 호남평야의 중심부에 위치하여 농업용수를 공급해 왔다.

『삼국사기』와『삼국유사』의 기록에 의하면 벽골제는 신라 흘해 이사금 21년에 사축되었다고 전한다. 이 기록은 발굴 조사 당시 발견된 수문지 식물 탄화층을 대상으로 한 방사성 탄소에 의한 연대 측정 결과와 거의 비슷해 신빙성이 있다. 그러나 일부 사학자들은 당시 역사적 상황을 분석하여 백제 비류왕 27년(330)에 축조되었다는 이견을 내놓았다.

벽골제는 태종 15년(1415) 9월 수축 공사를 하였으나 5년 후인 세종 2년(1420) 홍수로 크게 손상되었다. 이후 그 넓은 저수지는 점차 전답으로 바뀌었다. 제방은 김제군 부량면 포교에서 남쪽 오금산 북단까지 길게 뻗어 있었으며, 수문은 원래 5개소로 수여거, 장생거, 중심거, 경장거, 유통거가 설치되었다. 그러나 지금은 2,500m의 제방과 수문으로 장생거와 경장거만이 남아 있다.

벽골제는 4세기경 삼국 사회의 토목, 측량, 석공 등의 뛰어난 기술 수준을 보여 준다. 뿐만 아니라 일찍이 벼농사를 위하여 수리 시설을 갖춘 발달된 농업 국가의 면모를 엿볼 수 있는 중요한 유적이다.

3월의
모든 역사

3월 23일

■
·
■

1458년 3월 23일

조선의 악성 박연이 사망하다

세종이 일찍이 석경石磬을 만들고 제학을 불러 교정하게 하였더니, 제학이 말하기를, "어느 음률音律이 일분一分 높고, 어느 음률이 일분 낮습니다."고 하였다. 다시 보니 음률이 높다고 한 곳에는 찌꺼기가 붙어 있었다. 세종이 찌꺼기의 일분을 떼어내라고 명령하였다. 또 음률이 낮다고 한 곳에는 다시 찌꺼기 일분을 붙였다. 제학이 아뢰기를, "이제 음률이 바르게 되었습니다."고 하였다. 사람들이 다 그의 신묘神妙함을 탄복하였다.

- 성현『용재총화』

여기에서 '제학提學'이란 박연을 지칭하는 것으로, 박연이 예문관 대제학을 지냈기 때문에 이렇게 불렀다.

고구려의 왕산악, 신라의 우륵과 더불어 우리나라 3대 악성으로 꼽히는 박연은 편경의 음정을 맞출 율관을 제작하는 등 여러 성과를 거두었다. 그 가운데 가장 두드러지는 업적은 아악의 정리라 할 수 있다. 이 과정에서 특히 향악과의 조화를 꾀한 것이 돋보인다.

세종 대에는 부왕 태종이 이루어 놓은 왕권의 안정을 바탕으로 각 분야가 고르게 발달한 시기였다. 음악도 예외는 아니었다. 세종 자신이 그쪽에 조예가 깊기도 하였지만 박연이라는 걸출한 인물의 도움이 컸다.

우리나라는 고조선 시대부터 음악이 발달하였는데 특히 삼국 시대에는 왕산악과 우륵의 활약이 두드러졌다. 불교가 국교이던 고려 시대에도 음악은 행사와 연결되어 성행하였다. 그러나 고려 후기 몽골과 왜구의 침입으로 많은 문화유산이 파괴되었고 악기 연주가들은 뿔뿔이 흩어져 버렸다. 이로 인해 조선이 건국될 무렵에는 국가적인 행사에 불러올 연주가가 거의 눈에 띄지 않았다. 박연은 이처럼 쇠퇴한 음악을 다시 살려내는 데 크게 공헌한 인물이었다.

박연은 1378년 8월 20일 충청북도 영동에서 박천석의 아들로 태어났다. 박연이 어린 시절을 지냈던 동네에는 피리를 잘 부는 사람이 한 명 살았다. 박연은 향교에서 학문을 닦는 한편 틈틈이 그 사람에게 피리를 배웠다. 얼마나 거기에 빠졌던지 박연의 손에서는 잠시도 피리가 떠나지 않았다고 한다. 곧 스승의 솜씨를 추월한 박연은 일대에 피리의 고수로 소문이 자자해졌다. 그러나 피리에 너무 몰두한 탓인지 스물여덟이 되어서야 간신히 과거의 초급 시험에 합격하였다.

박연이 과거를 보러 서울로 올라갔을 때 그는 음악을 담당하는 장악원을 찾아갔다. 그곳에 근무하는 악공에게 자신의 피리 소리를 들려주고 교정을 청하기 위해서였다. 그러나 연주가 끝나자 악공은 껄껄 웃으며 "소리와 가락이 상스럽고 게다가 습관이 이미 굳어져서 고치기가 어렵겠소."라며 썰렁한 반응을 보였다.

박연은 잠시 실망하였지만 악공을 졸라 가르침을 허락 받았다. 악공은 박연의 실력이 하루가 다르게 향상하는 것을 보고 놀라 자신의 기술을 모두 전수하였다. 그러던 어느 날 악공은 박연 앞에 무릎을 꿇고 "당신의 피리 연주는 신기에 가깝소. 제가 오히려 당신을 따라 갈 수가 없습니다."라고 말하였다.

1411년 박연은 뒤늦게 진사에 합격하였으나 고향에서 민간에 퍼져 있는 악곡들을 연구하였다. 그러다가 음악에 대한 그의 명성이 조정에 알려지면서 마침내 집현전에 발탁되었다. 이때 세자시강원에 나갈 강사로 뽑혀 세종과 첫 인연을 맺게 되었다.

세종은 왕위에 오르자 박연에게 음악 부흥의 임무를 맡겼다. 박연은 먼저 음악에 관한 문헌이나 여기저기 흩어진 악기들을 모으는 데 열중하였다. 이를 위해 중국으로 여행을 다녀왔지만 우리의 자료를 바탕으로 음악을 부흥해야 한다는 사실만 확인하고 돌아왔다. 박연은 악기의 연주에 음의 조화가 없고 음정을 재는 기준이 없다는 게 큰 문제임을 깨달았다. 그리하여 편경의 음정을 맞출 정확한 율관을 제작했고 이를 바탕으로 새로운 악기를 만들어 냈다.

박연의 음악적 공헌은 아악의 정리에서 가장 돋보였다. 넓은 의미의 아악이란 궁중 밖의 민간 음악에 대하여 국가의 연회나 조회 등 궁중 의식에 사용하는 조정의 음악을 지칭한다. 좁은 의미로는 중국에서 수입된 제사 음악을 가리킨다. 그러나 오랜 세월을 지나면서 그때까지 남아 있는 중국 음악은 문묘 제례악밖에 없는 실정이었다.

본래 아악은 '정아한 음악'이란 뜻에서 나온 말로 중국 주나라 때부터 궁중의 제사 음악으로 발전하여 변화를 거듭하다가 송나라 때 제도적으로 확립되었다. 박연이 왕이 참석하는 국가적인 의식에 향악 대신 아악을 도입하려 하자 처음에는 많은 반대가 있었다. 세종도 "아악은 원래 중국 음악이고 게다가 중국에서도 역대에 모두 달랐으니 지금 새롭게 만드는 아악이 전통에 맞는 것인지 알 수가 없다."라며 회의적인 반응을 보였다.

　그러나 박연은 소신껏 일을 밀어붙여 마침내 1431년 정월 초하루 신년 하례식에서 단아하기 그지없는 아악을 선보였다. 아악이 울려 퍼진 근정전 뜰은 감동의 물결이 넘실거렸다. 비록 아악이 중국의 문헌을 참고하였지만 거기에는 우리의 전통적인 민간 음악도 녹아 있었기 때문이었다. 즉 아악이 창조적으로 재생된 것이었다.

　1458년 3월 23일 사망하였으며, 훗날 박연의 업적들은 성종 대에 성현이 『악학궤범』을 편찬할 때에도 중요한 역할을 하였다. 지금도 그의 고향 영동에서는 해마다 박연의 호를 딴 '난계음악제'가 열려 그의 업적을 기리고 있다.

—

1908년 3월 23일

장인환 · 전명운, 스티븐스 저격

—

1908년 3월 23일 대한제국 외부 고문인 미국인 스티븐스가 조선의 두 젊은이에게 저격당하여 사망하였다.

　스티븐스는 원래 일본 외무성의 고용원으로 일하다 한국 정부의 외교 고문이 되었다. 그는 일본 특사 자격으로 미국 샌프란시스코를 방문하였다. 이때 『샌프란시스코 크로니클』지와 기자 회견을 하면서 한국이 일본의 보호 정치를 찬양하고 있다는 발언을 하였다. 이를 접한 샌프란시스코 한인들은 몹시 분개하였고 그날 저녁 공립협회와 대동보국회 등의 교민 단체를 중심으로 긴급회의를 열었다. 그들은 대표를 뽑아 스티븐스를 찾아가 기자 회견 내용을 정정하도록 요구하였다.

그러나 스티븐스는 "한국에 이완용 같은 충신이 있고 이토 히로부미 같은 통감이 있으니 한국의 큰 행복이요, 동양의 다행이다."라는 망언을 하였다. 교민들의 거센 항의에 불안을 느낀 스티븐스는 곧 워싱턴으로 떠날 결심을 하였다.

이 소식을 들은 장인환과 전명운은 스티븐스를 그냥 보내지 않았다. 3월 23일 오전 9시 30분, 먼저 기다리고 있던 전명운이 재빨리 스티븐스에게 접근하여 권총을 쏘았지만 불발되었다. 이에 당황한 전명운은 총자루로 스티븐스의 얼굴을 치고 달아났다. 스티븐스가 일어나 전명운을 추격하려 할 때 장인환은 뒤쪽에서 권총을 겨누었다.

총 세 번의 방아쇠를 당겨 스티븐스의 등을 명중해 허파를 뚫었으며 한 발은 허리를 겨냥해 그 자리에 쓰러뜨렸다. 경찰에 연행된 장인환은 '스티븐스는 한국의 외교 고문이면서 일제의 한국 침략 정책의 앞잡이 노릇을 했기 때문에 나라와 동포를 구하기 위하여 그를 저격하였다'는 내용의 성명서를 발표하였다.

『샌프란시스코 크로니클』지에 저격이 정당한 애국 행위라는 성명서가 실렸고, 이 사건은 미국에 커다란 반향을 일으켰다. 교민들은 재판 후원회를 결성하고 모금 행사를 열어 재판 비용을 부담하였다. 재판 결과 전명운은 무죄 석방되었고 장인환은 25년 금고형을 선고받아 복역하다 1919년 1월 10일 가출옥하였다. 이 사건은 해외 항일 운동의 횃불을 지핀 사건이었다.

1970년 3월 23일

한글학자 최현배가 사망하다

1970년 3월 23일 한글학자로서 국어학 발전에 큰 공헌을 한 외솔 최현배가 사망하였다.

최현배는 1894년 10월 13일 울산에서 태어났다. 그는 경성고등보통학교에 재학 중이던 1910년부터 주시경의 조선어 강습원에서 한글과 문법을 수학하였다. 1919년 히로시마 고등사범학교을 졸업한 후, 교토 제국대학 문학부 철학과에서 교육학을 공부하였다. 1926년부터 연희 전문학교 교수를 지내다가 1938년 흥업 구락부 사건으로 강제로 물러났다.

최현배는 조선어 학회 창립부터 한글 발전을 위한 중추적인 활동을 하였다. 그는 조선어 사전 편찬 작업과 한글 맞춤법 통일안 제정에 참여하였다. 1942년에는 이른바 '조선어 학회 사건'으로 복역하였다.

8 · 15 광복 후 미군정청과 문교부 편수국장을 역임하고 한글학회 이사장을 지냈다. 1954년 다시 연세대학교로 돌아가 1961년 퇴임할 때까지 후학 양성에 힘썼다.

그는 국어문법에 대한 정연한 체계와 풍부한 용례를 갖춘 방대한 규모의 『우리말본』을 펴내 국어 문법의 체계화에 기여하였다. 이 밖에도 『한글갈』『글자의 혁명』『나라 사랑의 길』 등의 저서를 남겼다.

* 1937년 3월 1일 '최현배의 문법 책, 『우리말본』 간행' 참조

502년 3월 23일

신라, 우경법을 시행하다

502년 3월 22일, 신라 제22대 지증왕이 우경법牛耕法을 처음으로 시행하였다. 우경법은 소를 이용하여 농사짓는 것을 뜻한다.

우경법의 시행으로 농사의 일대 혁신이 이루어졌으며 농사 기술의 보급은 생산력의 증대를 가져와 신라가 발전할 수 있는 경제적 토대가 되었다. 이 무렵에는 관개 시설이 확충되고 벼농사가 확대·보급되어 수리 사업도 활발히 진행되었다.

이 외에도 지증왕 대에는 일련의 개혁이 실시되어 국가 체제를 갖출 수 있게 되었다. 지증왕은 503년 국호를 덕업이 날로 새로워지고 사방을 망라한다는 뜻의 '신라'로 개정하였다. 또한 왕을 뜻하는 마립간麻立干의 칭호를 폐지하고 왕이라 칭하였다.

505년에는 지방 제도를 주·군·현 등 중국식으로 개칭하였고 512년에는 이사부에게 명하여 지금의 울릉도인 우산국于山國을 차지하였다. 이로써 신라는 삼국 통일을 할 수 있는 기반을 마련하였다. 지증왕은 죽은 뒤에 지증智證이란 시호諡號를 받았는데, 이것이 신라 시법諡法의 시초이다.

2004년 3월 23일

박근혜, 한나라당 대표 당선

2004년 3월 23일 박근혜 후보가 한나라당 새 대표로 선출되었다. 여론 조사와 대의원 투표를 합산한 대표 경선에서 유효 표 5,044표 가운데 2,614표를 얻어 선두 다툼을 벌이던 홍사덕 후보를 제치고 과반수를 획득하였다. 1965년 박순천 여사 이후 여성 정치인이 야당 대표가 된 것은 39년 만의 일이었다.

박근혜는 1952년 2월 2일 대구에서 태어났다. 1974년 서강대학교 전자공학과를 졸업하고 프랑스로 유학을 떠났다가 어머니 육영수의 사망 소식을 듣고 급거 귀국하였다.

육영수 여사가 사망한 이후 1979년 아버지가 사망할 때까지 퍼스트 레이디의 역할을 대신하였다. 1975년부터 최태민의 권유로 새마을 운동을 주도하였으며 육영재단, 정수장학회 등을 물려받아 운영하였다. 그 후 1998년 한나라당의 후보로 대구 국회의원 보궐 선거에 당선되어 본격적으로 정치에 참여하였다.

* 1974년 8월 15일 '육영수 여사가 피살되다' 참조
* 1979년 10월 26일 '박정희 대통령, 중앙정보부장 김재규에게 피살되다' 참조

—

2000년 3월 23일

북한, 서해 5도 통항 질서 공포

—

2000년 3월 23일 북한의 해군 사령부가 '서해 5도에 대한 통항 질서'를 공포하였다.

서해 북방한계선NLL은 1953년 유엔군 사령부가 정전 협정 체결 직후

서해 5도를 따라 그은 해안 경계선으로 우리나라는 이 NLL을 남북 간
의 해상 경계선으로 인식하였다.

그러나 북한은 NLL이 정전 협정을 통하지 않고 그어진 일방적 기선
으로 서해 5도 주변 수역은 북한의 영해라고 주장하였다. 1990년대 후
반에는 NLL을 부정하는 대신 일방적으로 '서해 해상 군사 분계선'을 확
정 발표하며 그 북쪽을 자신의 영해라고 주장하였다.

그리고 이에 대한 후속 조치의 성격으로 2000년 3월 '서해 5도 통항
질서'를 발표한 것이다. 이에 우리 정부는 서해 5개 도서 지역의 여객선
및 어선에 대한 보호를 강화하였다.

2000년 3월 23일

봉정사 대웅전 후불벽화, 현존 최고 확인

2000년 3월 23일 봉정사 대웅전의 후불벽화가 현존하는 국내 최고最
古인 것으로 확인되었다.

문화재청은 경상북도 안동시에 있는 봉정사 대웅전을 해체·수리하
는 과정에서 세종 10년(1428) 미륵하생도彌勒下生圖를 그렸다는 기록과
세종 17년(1435) 대웅전을 중창했다는 내용의 묵서를 발견하였다.

그동안 전라남도 강진의 무위사 극락전(국보 제13호)의 후불벽화인
'아미타 삼존불상'이 가장 오래된 것으로 알려져 있었다. 그러나 이날
봉정사 대웅전의 후불벽화가 약 50년 정도 앞선 벽화인 것으로 밝혀
졌다.

3월의
모든 역사

3월 24일

■
·
·
·
■

1978년 3월 24일

청록파 시인 박목월이 눈을 감다

강나루 건너서
밀밭 길을

구름에 달 가듯이
가는 나그네

길은 외줄기
남도 삼백 리

술 익는 마을마다
타는 저녁놀

구름에 달 가듯이
가는 나그네

– 박목월, 「나그네」

1978년 3월 24일 청록파 시인 박목월이 사망하였다. 그는 박두진, 조지훈과 함께『청록집』을 간행하여 청록파로 불렸다.

박목월은 1916년 1월 6일 경상남도 고성에서 태어났다. 그는 1935년 대구 계성중학교를 졸업한 후 일본으로 건너가 영화인들과 어울리다가 귀국하였다. 1946년부터는 대구 계성중학교, 이화여자고등학교 교사를 거쳐 서울대학교, 연세대학교, 홍익대학교 등에서 교편을 잡았다.

박목월은 1939년 정지용의 추천으로『문장』지에 「길처럼」을 발표하며 본격적으로 등단하였다. 그러나 사실 첫 작품은 대구 계성중학교 재학 당시『어린이』지에 발표한「통딱딱통딱딱」이었다.

박목월의 시는 크게 초기, 중기, 후기로 나눌 수 있는데 초기의 작품들은 자연친화적이며 주로 풍경을 서정적으로 묘사하였다. 중기의 작품들은 인간과 자신의 일상을 소재로 하였고 후기의 작품에는 구수한 경상도 사투리를 맛깔스럽게 사용하여 고향에 대한 향수를 그렸다.

1946년 김동리, 서정주 등과 함께 조선청년문학가협회를 결성하였다. 1950년 한반도에서 6 · 25 전쟁이 발발하자 한국 문학가 협회 별동대를 조직하였다. 1955년 아세아 자유문학상을 수상하였으며 1962년에는 한양대학교 국문학과 교수를 지냈다. 1973년 10월에는『심상』을 발행하였고 이듬해 한국 시인 협회 회장직을 맡는 등 활발한 문학 활동을 하였다.

그는『구름의 서정시』『밤에 쓴 인생론』등의 수필집을 남겼으며 시집에는『경상도가랑잎』『사력질』『무순』등이 있다. 이 외에도 「나그네」「산도화」「청노루」등의 주옥같은 시를 남겼다.

* 1916년 1월 6일 '시인 박목월 출생' 참조

1951년 3월 24일

맥아더 장군, 38선 이북 진격 명령

1950년 9월 맥아더 장군의 인솔로 역사적인 인천 상륙 작전이 감행되었다. 미국 해병대와 한국군은 월미도에 기습 상륙하고 인천을 함락시켰다.

인천 상륙 작전이 성공함에 따라 9월 28일 유엔군은 서울을 다시 탈환할 수 있게 되었다. 인천 상륙 작전은 군부의 반대가 있었음에도 전투를 성공적으로 이끌어 전쟁의 양상을 뒤바꿔 놓았다.

이후 1951년 3월 24일 맥아더 장군은 마침내 38선 이북 진격 명령을 내렸다. 이에 국군과 미군을 주축으로 하는 유엔군은 38선을 넘었고 평양, 원산을 지나 한만 국경에까지 이르렀다.

그러나 10월 10일부터 압록강을 건너기 시작한 중공군이 11월부터 대병력으로 청천강에서 인해전술 공세를 취해 전세는 다시 뒤바뀌고 말았다.

* 1950년 6월 25일 '6 · 25 전쟁이 발발하다' 참조
* 1950년 9월 15일 '유엔군 인천 상륙 작전 개시' 참조
* 1951년 1월 4일 '1 · 4 후퇴' 참조

1905년 3월 24일

대동강 철교 준공

1905년 3월 24일 제1대동강 철교가 준공되었다. 이 철교는 평양역과 대동강역 사이에 있는 것으로 대동강 하구의 92km 지점에 위치해 있다.

대동강 철교는 제1철교와 제2철교로 구성되었는데 그중 제1철교의 준공이 이날 이루어졌다. 이어 3월 29일 제2철교가 준공되었다. 그러나 이때의 철교는 가교 형태여서 운행에 위험이 많았다. 이후 1942년 4월 30일에 다시 복선형 철교를 개통하였다.

대동강 철교는 미국의 종군 기자 막스 데스퍼가 찍은 사진에 의해 6·25 전쟁의 상징이 되었다. 당시 평양 시민들이 폭파된 대동강 철교를 넘어 피난길에 오르는 모습을 담아 언론에 소개한 것이다. 이 사진은 6·25 전쟁의 참상을 가장 잘 보여 주는 사진으로 평가받았으며 그는 이듬해 '퓰리처상'을 수상하였다.

3월의
모든 역사

3월 25일

—

1949년 3월 25일

장면 초대 주미 대사, 신임장을 제정하다

—

그러나 대사라고는 처음 하는 일이라 다음 날부터 각국 대사 중 아는 사람들을 찾아다니며 솔직하게 대사직의 공부를 시작하여 서식書式 편제編制 등을 습득하면서 차근차근 대사관의 기초를 세워 나갔다. 1년 반 동안을 두고 대사관 청사도 증축하여, 직원도 정비하고 운영도 본궤도에 올려놓아 대사관의 기초는 튼튼해지고 나의 마음도 안정되었을 무렵, 1950년 6월 25일 밤 느닷없이 UPI 기자에게서 전화가 오고 뒤이어 이 대통령으로부터 국제 전화가 왔는데 "북한 공산군이 탱크를 앞세우고 쳐들어오는 중이니 속히 미국 정부와 유엔에 호소하고 활동을 개시하라."는 것이었다.

– 장면, 회고록

1949년 3월 25일 상면 초대 주미 대사가 트루먼 미국 대통령에게 신임장을 체정하였다. 이어 한국 정부의 특별 대표 자격으로 양국 간의 외교 업무에 착수하였다.

장면은 신생국 대한민국 외교사의 첫 페이지를 장식한 인물로 1899년 8월 28일 서울에서 태어났다. 그는 8세에 인천 사립박문학교에 입학하여 한학을 수학하였다. 1917년 수원고등농림학교(서울대학교 농과대학 전신)를 졸업하고, 1919년 서울기독교청년회관 영어학과를 졸업하였다. 1925년 한국천주교청년회 대표 자격으로 미국 맨해튼 가톨릭대학 문과를 마치고 귀국하였다. 1936년부터 광복 때까지 동성상업학교와 계성학교 교장을 겸임하였다.

1946년 정계에 투신하여 1948년 서울 종로 을구에서 제헌 의원으로 당선되었다. 그해 파리에서 열린 제3차 유엔 총회에 조병옥, 장기영 등과 함께 한국 수석대표로 참석하였다. 그는 유엔과 미국의 지원을 얻어 대한민국은 한반도의 유일한 합법 정부라는 국제적 승인을 얻어내는 데 큰 공헌을 하였다.

1949년 1월 1일부터는 초대 주미 대사로 임명되어 한국 정부의 특별 대표 자격으로 양국 간의 외교 업무에 착수하였다. 이듬해 6 · 25 전쟁이 일어나자 미국과 유엔을 설득하여 파병을 이끌어내는 등 한미 국교를 위해 활약하였다.

1951년 국무총리가 되었으나 이듬해 사임하고 야당의 지도자로 자유당 독재 정권에 대한 투쟁에 앞장섰다. 1955년 민주당 최고 위원이 되었고, 1956년 대통령 후보였던 신익희가 사망하자 민주당 부통령 후보로 출마하여 당선되었다. 그해 9월 민주당 전당 대회에서 저격당하였으나 경상에 그쳤다.

1960년 정부통령 선거에서 대통령 후보 조병옥이 사망함으로써 다시 한 번 부통령에 출마하였다. 그러나 3·15 부정 선거로 이기붕이 부통령이 되었다.

1960년 4·19 항쟁으로 이승만 정권이 무너지자, 제5대 민의원 의원에 당선되어 제2공화국의 국무총리가 되었다. 그러나 이듬해 군사 쿠데타로 집권 9개월 만에 실각하였다. 그 후 군사 정권의 정치정화법에 묶여 연금 생활을 강요당해 이후 종교 활동에만 전념하였다.

1966년 6월 4일 간염으로 사망하여 경기도 포천 가톨릭 묘지에 안장되었다. 장례는 국민장으로 거행되었다.

* 1948년 12월 12일 '유엔 총회, 대한민국을 한반도 내 유일한 합법 정부로 승인' 참조
* 1956년 9월 28일 '장면 부통령 민주당 전당 대회에서 피격' 참조
* 1960년 3월 15일 '3·15 부정 선거가 일어나다' 참조

1928년 3월 25일

한말 의병장 이소응이 사망하다

1928년 3월 25일 춘천 의병 대장 이소응이 만주에서 항일 운동을 벌이다 사망하였다.

이소응은 1852년 강원도 춘천에서 태어났으며 본관은 전주, 휘昭應는 소응이다. 그는 유학에 조예가 깊었고 인품이 훌륭하여 사람들로부터 추앙을 받았다.

1895년에는 명성황후 시해와 단발령의 강제 시행으로 배일排日 감정이 폭발하여 전국 각지에서 의병 투쟁이 일어났다. 이에 이소응은 1896년 1월 20일(음력 을미년 12월 16일) 유중락 · 이만응 등 지방의 유생들과 1,000여명의 농민들에 의하여 의병 대장으로 추대되었다.

그는 위정척사라는 대의 아래 일본을 오랑캐 왜노로 규정하는 등 의병의 명분을 뚜렷이 했다. 또한 전국에 격문을 보내 함께 거사할 것을 촉구하였다. 이때 정부에서 춘천부 관찰사 겸 선유사로 개화파 관료인 조인승을 임명하자 그를 친일파라 하여 참형하였다.

이 일을 시발로 춘천 의병대의 기세는 등등하였지만 그 세력이 선비 중심으로 이루어진 봉기였기 때문에 전략과 전술은 미숙하였다. 이후 남한산성의 경기 의병과 연합하여 서울을 공격하기로 계획하였으나 관군의 공세로 전세가 약화되자 지평군수 맹영재를 찾아가 협조를 요청하였다. 하지만 뜻을 이루지 못하고 만주로 망명하였다.

저서에는 춘천의 의병 운동과 유인석 의진의 활동을 기록한『습재연보』『습재선생문집』등이 있다. 1962년 건국훈장 국민장이 추서되었다.

1908년 3월 25일

창경원 동물원 준공

1907년 7월 즉위한 순종은 그해 11월 덕수궁에서 창덕궁으로 이어하였다. 궁내부 차관에 앉은 고미야는 황제의 무료함을 달랜다는 명목으로 창경궁에 박물관과 동물원 및 식물원 건설 계획을 세웠다.

그러나 이것은 대한제국의 국권과 황실의 권위를 말살하기 위한 흉계였다. 1907년 겨울부터 추위에도 아랑곳없이 화려하고 웅장한 창경궁의 전각, 행랑, 문루, 궁장을 무참히 헐어 내고 공사를 시작하였다.

창경원 동물원은 1908년 3월 25일 창경궁 안 보루각 자리에 준공되었고, 1909년 11월 1일 순종이 참석한 가운데 개원식을 갖고 일반인의 관람을 허용하였다. 그로부터 궁궐 창경궁은 일제에 의해 놀이 공간인 '창경원'으로 변질되었다.

이후 1983년 7월부터 관람이 중단되었다. 그해 12월 본래 이름이었던 창경궁을 되찾았으며 창경원의 동물들은 모두 새로 생긴 남서울 대공원으로 옮겨졌다.

—

1946년 3월 25일

광복 이후 첫 경평전 개막

—

1946년 3월 25일 서울 운동장(현 동대문 역사 문화 공원)에서 광복 이후 첫 경평전이 열렸다.

경평전은 경성과 평양을 대표하는 경성 축구단과 평양 축구단이 장소를 번갈아 가면서 벌였던 친선 경기로 「조선일보」의 주최로 처음 개최되었다. 1929년 10월 서울 휘문고등보통학교 운동장에서 첫 경기를 가진 뒤 매년 한 차례씩 서울과 평양에서 열렸다.

경평전은 경성중학이 주축이 된 서울팀과 숭실학교가 주축이 된 평양팀이 겨룬 첫 대회 이래 전 국민의 관심을 집중시켰다. 일제의 식민 통치 아래 가슴에 쌓인 민족적 울분을 발산하는 스포츠 축제였다. 그러나 1930년 11월 28일 열린 제2회 대회를 마지막으로 중단되었다.

그 후 경평전은 경성, 평양 이 외에 다른 도시 축구팀의 성장에 힘입어 3도시 대항 축구전, 도시 대항 축구 대회로 이어졌다. 하지만 1942년 일제의 구기 종목 금지로 인해 모든 대회가 중단되었다.

1946년 3월 25일 4년 만에 다시 열린 경평전은 그 열기가 지나쳐 관중이 난동을 벌이는 등 한바탕 소동이 일어나 무기한 중단되었다.

—

1969년 3월 25일

한국 최초 장기 이식 성공

—

1969년 3월 25일 국내 첫 콩팥 이식 수술이 성공적으로 이루어졌다. 이날 가톨릭 의대 이용각 교수팀은 서울 명동 성모 병원에서 말기 신부전증 환자인 정 모 씨에게 그의 어머니 신장을 이식하는 수술을 성공적으로 수행하였다.

이 수술에는 40여 명의 대규모 의료진이 참여했으며, 약 3시간 28분 만에 끝났다. 환자는 수술 후 3개월 만에 완전히 회복하여 퇴원하였고 이후 5년을 더 살았다. 이에 앞서 미국은 1954년, 일본은 1959년에 신장 이식에 성공하였다. 한국은 이날 장기 이식 성공으로 한국 의학의 신기원을 이룩하였다.

1981년 3월 25일

연좌제 폐지, 전과 말소 지침 발표

1981년 3월 25일 정부는 새 헌법(제5공화국 헌법 제 12조 3항)과 '형의 실효 등에 관한 법률'에 따라 연좌제 폐지와 전과 기록 말소 지침을 발표 하였다.

이 법안은 8·15 직후의 혼란과 6·25 전쟁 등 특수한 정치 상황 아 래 발생한 신원 특이자들에 대한 기록을 일제히 정리·말소하고, 당사 자 이외의 연고자에 대한 기록을 완전히 정리하여 불이익이 없도록 한 다는 취지였다.

이에 따라 반국가 사건 등에 관련된 연고자는 이후 공무원 및 국영기 업체 임직원 임용과 취업, 해외여행, 출장 등에서 불이익 처분을 받지 않게 되었다.

3월의
모든 역사

3월 26일

■
·
·
■

1279년 3월 26일

도평의사사를 설립하다

도평의사사는 고려 전기 충렬왕 때 도병마사가 개편된 기구이다. 본래 도병마사는 군사 문제를 주로 의논했던 기관으로 임시적인 성격을 띠었다.

그러나 도평의사사는 군사 문제뿐 아니라 국가 전반의 문제까지 다루는 등 그 기능이 크게 확대되었다. 조직의 구성원도 70~80명에 달할 정도로 방대해졌으며, 임시적 기구에서 상설 기구로 변모하였다.

그러나 가장 중요한 변화는 국가 서무를 직접 집행하는 행정 기관의 성격까지 갖춘 최고의 권력 기구가 되었다는 점이었다.

도평의사사는 고려 후기 최고의 정무 기관으로 전기에 설치되었던 도병마사가 개편된 것으로 일명 도당이라고 불렸다. 원래 현종 초기에 설치된 도병마사는 중서문하성의 재신과 중추원의 추밀이 모여 대외적인 국방과 군사 문제를 논의하던 기구였다. 즉 양계의 장졸에 대한 포상과 징벌, 양계의 축성, 군사훈련 등이 모두 도병마사의 소관이었다.

『역옹패설』에서 이제현은 "혹은 1년에 한 번 모이기도 하고 혹은 여러 해 동안 모이지도 않았다."라고 언급하였다. 이를 통해 초기의 도병마사는 임시적인 성격을 띠고 있었음을 알 수 있다.

고려 중기부터 도병마사는 국방 문제뿐 아니라 일반 민생 문제에도 관여하였다. 의종 대에 백성 전반의 구휼 문제를 논의하고 있는 모습이 그것을 말해 준다. 즉 이것은 도병마사의 기능이 확대되고 있음을 의미하는 것이었다.

그런데 무신란武臣亂 이후에는 도병마사의 기록이 전혀 눈에 띄지 않는다. 아마도 무신 정권이 도병마사의 기능을 제약하였을 가능성이 크다. 그러다가 고종 말년 다시 등장하는데 이때에는 도병마사의 성격이 많이 달라져 있었다. 이제는 재추宰樞 전원이 구성원이 되었고 그 이름도 도당으로 바뀌었다. 관장 사항도 군사 문제에서 국가 전반의 문제로 확대되었다. 이러한 도병마사의 변화는 충렬왕 대에 도평의사사로의 승격을 가져왔다.

충렬왕 대에는 원나라의 압력으로 3성이 첨의부로 일원화되는 등 조직이 개편되었다. 그러나 도병마사는 고려의 독자적인 제도였기 때문에 그대로 존속하였다. 그러다가 도병마사가 군사 문제뿐만 아니라 국가의 크고 작은 일을 모두 관장하는 도당으로 승격하면서부터 그 역할에 알맞은 도평의사사로 이름이 바뀐 것이다.

도평의사사는 그 구성이 더욱 확대되어 재추와 함께 삼사의 관원도 회의에 참여하였다. 고려 말기에는 구성원이 무려 70~80명에 달하였다. 아울러 임시 기관에서 상설 기관으로 자리 잡았다.

그러나 가장 중요한 점은 그것이 의정 기구인 동시에 국가 서무를 직접 집행하는 행정 기관이 되었다는 것이다. 이에 따라 행정 기능을 뒷받침할 수 있는 부서가 설치되는 것은 당연한 일이었다.

원래 도병마사에는 녹사 8인이 이속 25인을 통솔하고 있었다. 그런데 공민왕 때부터 도평의사사에 6색장이 있어 의결된 사항을 가지고 사무를 보았다. 이 6색장은 창왕 때 정식으로 이·호·예·병·형·공의 6방 녹사로 개편되었다. 아울러 여기에 중앙 여러 관아의 일을 보는 지인 10인과 선차 10인을 두었다. 그리하여 도평의사사는 상부의 재추 고관과 하부의 실무 요원으로 구성되었고, 각자 머무르는 청사도 구분하였다.

공양왕 대에 이르러 도평의사사는 사무 관청인 경력사를 두었다. 이것은 6방 녹사를 관할하는 기구로서 3, 4품의 경력 1인과 5, 6품의 도사 1인이 배치되었다. 이를 통해 도평의사사는 행정 기구의 성격이 더욱 강화되었다. 기능 또한 대폭 확장되었는데 토지 제도, 녹봉, 조세, 형옥, 의례, 군사, 인사, 대외 관계 등 내외의 모든 중대사를 논의하고, 여기서 결정된 내용을 실제로 시행하기에 이르렀다. 그리하여 중앙의 관서들은 말할 것도 없고 지방의 관서들도 도평의사사의 통제 아래 행정을 처리하였다.

공민왕 20년의 교지는 도평의사사의 위상을 잘 보여 준다. 거기에는 '백료 서무는 도당에서 총괄하는 바 근년에 중앙의 여러 관서가 제각기 직접 도와 주현에 하첩하는 경우가 있는데 이제부터는 반드시 도당을 통하라'고 엄중히 명하였다. 왕의 교지까지 도평의사사를 경유하여 실행케 하니 도평의사사는 명실공히 최고의 국가 기관이었던 셈이다.

처음 고려의 정치 체제는 3성 6부를 바탕으로 중서문하성이 정무를 맡고, 상서성의 6부가 집행을 담당하였다. 여기에 중추원이 추가로 설치되어 재추가 국가 대사를 논의하였다. 그러나 고려 후기 도평의사사가 정무와 집행을 맡는 일원적인 체제로 권력 구조가 변화된 것이었다.

이 체제는 조선 건국 후에도 영향을 주었는데 태조 즉위년에 개정된 도평의사사의 직제는 고려 말의 그것을 참고한 것이다. 그러나 1400년 정종 대에 의정부로 개칭되었다. 이듬해 태종 대에는 도평의사사적인 성격에서 탈피하여 결국 도평의사사는 역사에서 사라지고 말았다.

2001년 3월 26일

한국, 미사일기술통제체제 가입

2001년 3월 26일 한국은 프랑스 파리에서 열린 미사일기술통제체제 MTCR 특별 회의에서 회원국으로 정식 가입하였다.

MTCR은 미사일 확산 방지를 위해 1987년 4월 미국 · 독일 · 영국 · 이탈리아 · 일본 · 캐나다 · 프랑스 등에 의해 설립된 다자간 협의체이다. 1970년대 개발 도상국의 미사일 개발에 대한 우려가 높아지자 미국을 중심으로 결성되었다.

MTCR은 각국의 국내법을 따르고 있으며 공식적인 사무국은 없다. 프랑스 외무성 안의 소규모 부서에서 조정 업무를 담당하며 매년 모든 회원국이 참여하는 정기 회의가 열린다. 모든 모임은 정보 유출을 우려해 비공개로 진행하고, 미사일 수출 통제와 관련된 토론회를 통해 정보를 공유한다.

2001년 현재 한국을 포함하여 총 33개국이 회원국으로 활동하고 있다. 이로써 한국도 국제 군축 및 미사일 확산 방지 체제에 동참할 수 있게 되었다. 또한 우주 개발에 필요한 기술 이전의 발판을 마련하게 되었다.

1358년 3월 26일

고려 공민왕, 개경 나성 개축

고려의 수도 방위성인 개경 나성이 고려 공민왕 8년(1358) 3월 26일 개축되었다.

고려 현종은 거란군이 개경까지 밀려오자 나주로 피난하였다. 거란은 현종의 집조를 조건으로 개경을 점령한 지 11일 만에 물러갔으나, 고려는 이를 지키지 않았다. 거란의 강동 6주의 반환 요구 또한 거절하였다. 이에 1018년 거란의 소배압은 10만의 대군을 이끌고 제3차 침입을 강행하였다. 그러나 상원수 강감찬이 흥화진에서 거란군을 섬멸하여 거란은 대패하고 말았다.

고려는 11세기 초 거란의 침입이 있은 뒤 북방에 대한 경계를 강화할 필요성을 느꼈다. 그 후 강감찬의 건의에 따라 현종이 청주의 호족 이가도에게 명하여 개경 나성의 축조가 시작되었다. 고려 현종 즉위년(1009) 공사가 시작되어 착공 21년 만인 현종 20년(1029) 완공되었다.

규모는 송악산 남쪽 사면과 남산을 둘러 시가지 전체를 포위하듯 쌓았으며 둘레 길이는 2만 9,700보, 나각이 1만 3,000칸에 이른다. 또한 동서남북의 4대문과 중문 8개, 소문 13개가 있었으나 지금은 모두 없어지고 터만 일부 남아 있다.

고려가 멸망한 후 조선 태조 2년(1393)에는 나성의 절반의 규모도 되지 않는 둘레 20리 42보(2,600칸), 문 20개의 내성을 쌓았는데 현재 남대문, 건물터 등이 일부 남아 있다.

* 1011년 1월 13일 '고려 현종, 나주로 피난' 참조
* 1019년 2월 1일 '강감찬, 거란군을 귀주에서 대파하다' 참조

—

1910년 3월 26일

안중근, 뤼순 감옥에서 순국하다

—

1910년 3월 26일 안중근이 뤼순 감옥에서 순국하였다.

안중근은 1909년 10월 26일 만주 하얼빈에서 조국의 원흉 이토 히로부미를 사살하여 뤼순 감옥에 수감되었다. 이듬해 2월 재판에서 사형이 선고되었으며 이날 형이 집행되었다.

1909년 안중근은 동지 11명과 함께 몸 바쳐 구국 투쟁에 헌신할 것을 맹세한 후 단지 동맹을 결성하였다. 그리고 그해 10월 침략의 원흉 이토 히로부미가 러시아 재무상 코코프체프와 회담하기 위해 만주 하얼빈에 온다는 소식을 듣고, 그를 사살하기로 결심하였다. 그는 동지 우덕순과 상의한 후 다시 이강의 후원을 받아 조도선, 유동하와 함께 행동에 나섰다.

마침내 1909년 10월 26일 안중근은 일본인으로 가장하여 하얼빈 역에 잠입하여 이토 히로부미를 사살하였다. 또한 하얼빈 총영사 가와카미 도시히코를 비롯하여 궁내대신 비서관 모리 타이지로, 다나카 세이타로 등에게도 중상을 입혔다. 그리고 현장에서 바로 러시아 경찰에게 체포되었다. 그는 곧 일본 관헌에게 넘겨져 뤼순 감옥에 수감되었고 이듬해 2월 재판에서 사형이 선고되었다.

안중근은 글씨에도 뛰어나 많은 유필을 남겼는데 옥중에서는 『동양평화론』을 집필하였다. 1962년 건국훈장 대한민국장이 추서되었고, 1970년 서울중구 남대문로 5가 471번지에 기념관이 건립되었다.

* 1879년 9월 2일 '항일 독립 투사 안중근 출생' 참조
* 1909년 3월 2일 '안중근, 단지 동맹 결성' 참조
* 1909년 10월 26일 '안중근, 이토 히로부미를 사살하다' 참조

1875년 3월 26일

초대 대통령 이승만 출생

대한민국 초대 대통령 이승만은 1875년 3월 26일 황해도 평산에서 태어났다. 그는 3세 때 서울로 이주하였고, 1895년 배재학당을 졸업하였다. 청년 시절에는 개화 사상을 받아들이고 기독교에 입교하였다.

그는 협성회, 독립 협회의 간부가 되었으며 「협성회보」의 기자로 활동하던 중 정부 전복을 기도한 혐의로 독립 협회 간부들과 투옥되었다. 이후 7년간의 옥고를 치르고 1904년 석방되었다. 그해 겨울, 미국으로

건너가 공부에 몰두하였고 1910년 프린스턴 대학에서 철학 박사 학위
를 받고 귀국하였다.

1912년 세계 감리교 대회에 참석하기 위하여 재차 도미한 그는 광복
때까지 하와이 워싱턴 등지에 거주하며 독립운동을 전개하였다. 1919
년 상하이 임시정부의 국무총리에 선출되었으나 독단적인 활동으로 의
정원에서 불신임 결의로 배척되었다. 그는 미국 정부나 국제 연맹 등을
상대로 외교 교섭을 벌이며 활발히 활동하였으나 안창호 세력과도 대
립이 심화되어 독립운동 노선이 분열되었다.

이승만은 광복 이후 조국에 돌아와 우익 진영의 최고지도자가 되었
다. 그러나 좌익 세력을 배척한 채 남한의 단독 정부 수립을 추진하여
결국 민족 분단의 비극을 만들어 냈다.

1948년 대한민국 초대 대통령에 취임하였으며 권력욕에 사로잡혀
종신 대통령을 꿈꾸었다. 1956년 사사오입으로 개헌안을 통과시키고
3선에 성공하였다. 1960년 3월에는 4선을 꿈꾸며 온갖 방법으로 부정
선거를 치렀다. 결국 그가 의도한 바대로 대통령에 당선되었으나 정부
와 여당의 조직적 부정에 폭발한 4 · 19 의거로 사임하였다. 이후 하와
이로 망명하여 생활하다 1965년 7월 19일 사망하였다.

* 1948년 7월 24일 '이승만, 초대 대통령으로 취임하다' 참조
* 1954년 11월 29일 '국회, 개헌안 부결을 번복하고 사사오입 통과 선언' 참조
* 1960년 3월 15일 '3 · 15 부정 선거가 일어나다' 참조
* 1965년 7월 19일 '이승만 초대 대통령 하와이에서 사망하다' 참조

1915년 3월 26일

소설가 황순원 출생

소설가 황순원은 1915년 3월 26일 평안남도 대동에서 태어났다. 1921년 평양으로 이사하여 평양 숭덕소학교를 마치고 1929년 정주에 있는 오산중학교에 입학하였다.

황순원은 1930년부터 동요와 시를 신문에 발표하기 시작하였다. 이 듬해 『동광』에 「나의 꿈」을 발표하였고 중학교 시절부터 거듭 시를 발표하였다. 이후 숭실중학교로 전학하였고, 1933년 「수레바퀴」 등 다수의 작품을 내놓았다.

1935년 동인지 『삼사문학』에 시와 소설을 발표하였다. 이듬해 모더니즘의 영향이 짙은 제2시집 『골동품』을 발간하였고 동인지 『창작』을 발행하고 시와 소설을 발표하였다. 1937년부터 『단층』의 동인으로 활동하며 주로 모더니즘 계열의 시를 발표하다가 첫 단편집 『늪』 발간을 계기로 소설에 치중하였다. 이후 「별」 「그늘」 등의 환상적이며 심리적인 경향이 짙은 단편을 발표하였다.

1942년 이후 일제의 한글 말살 정책으로 평양에서 향리 빙장리로 지내면서 「기러기」 「병든 나비」 「황노인」 「독 짓는 늙은이」 등의 단편을 저술하면서 광복을 맞았다. 그는 두 번째 단편 모음집 『목넘이 마을의 개』를 간행하여 단편 작가로서의 기반을 닦았다. 이후 『별과 같이 살다』 『카인의 후예』 『신들의 주사위』 등의 장편 소설을 발표하였다.

황순원은 간결하고 세련된 문체, 소설 미학의 전범을 보여주는 다양한 기법들, 소박하면서도 치열한 휴머니즘, 한국인의 전통적인 삶에 대한 애정 등을 골고루 갖추어 한국 현대 소설의 전범으로 평가받았다.
특히 그의 소설에서는 서정적인 아름다움을 엿볼 수 있다. 현재 중학교
국어 교과서에는 그의 단편 소설 「소나기」가 실려 있다.

1991년 3월 26일

개구리 소년 실종 사건 발생

1991년 3월 26일 대구 성서초등학교 어린이 5명이 실종되었다. 이들
은 마을 인근 와룡산으로 도롱뇽 알을 주우러 간다며 집을 나선 뒤 소
식이 끊어졌다. 그러나 개구리를 잡으러 간 것으로 와전되면서 '개구리
소년'으로 불리게 되었다. 실종된 어린이는 우철원(13세), 조호연(12세),
김영규(11세), 박찬인(10세), 김종식(9세)으로 마을 주민이 와룡산 불미
골 입구에서 오후 2시경 목격한 것이 마지막이었다.

사건 당시 경찰은 약 50만 명을 동원하여 대대적인 수색 작업을 벌
였다. 하지만 소문만 무성할 뿐 행방을 알 수 없었다.

그 후 11년이 지난 2002년 9월 26일 와룡산 중턱에서 등산객의 신고
로 이들의 유골이 발견되었다. 유골은 대구시 달서구 용산동 성산고등
학교 신축 공사장에서 발견되었다. 경북대학교 법의학팀이 유골을 감
정한 결과 타살로 판정되었으나, 범인은 물론 사건의 전말은 명확하게
밝혀지지 않았다.

2006년 3월 25일자로 이 사건의 공소시효가 끝나 이 사건은 영구 미
제 사건으로 남았다.

1988년 3월 26일

삼국 시대 임당 고분군 본격 발굴

1988년 3월 26일 영남대학교 박물관은 경상북도 경산시에서 삼국 시대 초기의 임당 고분군을 본격적으로 발굴하였다.

임당 고분군에서 금동관, 관장식, 금제 귀걸이, 금동제 신발, 은제 허리띠 등과 각종 마구류, 무기류, 농공구류, 토기류, 인골 등 3,000여 점의 유물이 발굴되었다. 총 123개의 무덤이 조사되었는데 암반굴착덧널무덤, 독무덤, 횡혈식돌방무덤 그리고 다양한 소형 무덤(원삼국 시대의 널무덤 포함) 등이었다.

처음에 임당 고분은 도굴꾼이 유물을 일본으로 반출하려다 발각되어 그 존재가 알려졌다. 1982년 제1차 발굴이 이루어질 당시 환형의 금동관 2개, 관장식, 은제 허리띠 등 2,000여 점의 다양한 유물들이 출토되었다.

특히 보존 상태가 양호한 많은 인골과 목제 널받침 등 귀중한 유물이 많이 발굴되었다. 이 고분군은 1989년 제3차 발굴이 이루어져 삼국 시대 초기의 고대 국가를 연구하는 데 중요한 자료가 되었다.

3월의
모든 역사

3월 27일

1210년 3월 27일

보조 국사 지눌이 입적하다

우리들이 아침저녁으로 하는 행적을 돌이켜보니 불법을 빙자하여
자기를 꾸며 남과 구별하고는 구차스럽게 이익만 탐하고 풍진의
세상일에 골몰하여 도덕은 닦지 않고 옷과 음식만 낭비하니 비록
출가하였다고 하나 무슨 덕이 있겠는가.

마땅히 명예와 이익을 버리고 산림에 은둔하여 정혜사를 결성하여
항상 선정을 익히고 지혜를 고르게 하는 데 힘쓰자. 또 예불과 독경
을 하고 노동에도 힘쓰자.

– 지눌, 『권수정혜결사문』

　무신 정권이 들어선 후 고려 불교에는 새로운 흐름이 시작되었다. 화엄종이나 법상종 등 교종 계통의 귀족 불교가 쇠퇴하면서 선종 계열의 조계종이 확립되고 신앙 결사 운동이 일어났다.

　교종이 쇠퇴한 것은 이들이 문신 귀족들과 깊게 결탁되어 무신 정권의 탄압을 받았기 때문이다. 문벌과 교종의 긴밀한 결탁은 과거 인주 이씨와 법상종의 관계가 증명한 바 있다. 교종은 비록 실패로 끝났지만 조직적으로 무신 정권에 대항하여 그들을 크게 위협하였다.

　반면 교종의 위세에 눌려 명맥만을 유지하던 선종은 경전보다는 참선과 수양을 강조하는 덕에 무신들의 환영을 받을 수 있었다. 보조국사 지눌은 바로 이 시기에 등장하여 조계종을 확립한 인물이다.

　지눌은 의종 12년(1158) 황해도 서흥에서 태어났다. 그는 태어날 때부터 병이 잦아 백방으로 약을 썼지만 효과가 없었다. 이에 지눌의 아버지는 불전에서 기도를 올리며 병만 낫게 해주면 아들을 부처에게 바치겠다고 맹세하였다. 그 기도가 통했는지 지눌의 병은 씻은 듯이 사라졌다. 약속대로 8세가 되던 해 지눌은 사굴산파의 종휘선사 아래로 들어가 승려가 되었다.

　지눌은 1182년 승과에 합격한 후 개경의 보제사에서 열린 담선법회에서 10여 명의 동지와 만났다. 이들은 세속의 명리를 버리고 산림에 은거해 결사하자는 데 뜻을 같이 하였다. 이것은 당시의 불교가 너무 세속적인 이득을 탐하여 부패하고 사회적 지탄을 받는 것에 대한 반발이었다.

　우리 헌법 21조 1항에는 '모든 국민은 언론 · 출판의 자유와 집회 · 결사의 자유를 가진다'고 명시하여 결사의 자유를 기본권의 하나로 보장하고 있다. 그러나 지눌이 표방한 결사는 지금의 의미와는 약간 다르다. 이때의 결사는 '뜻을 같이 하는 승려와 신도들이 자신들의 신앙에 대한 수행을 위해 맺은 종교 단체'를 의미하였다. 그래서 이러한 모임의 사원은 절寺이 아니라 모임社이라고 불렀다. 그러나 결사를 약속한 동지들이 사방으로 흩어지면서 지눌도 여러 곳을 돌아다니며 수도에 전념하였다.

창평 청원사에 머물 때 지눌은 중국 남종선 6조 혜능의 어록인『육조단경』을 읽다가 큰 깨달음을 얻었다. 그 후 보문사로 옮겨『화엄론』을 읽으며 거기에도 선종과 같이 자신의 불성을 자각하는 돈오의 길이 있음을 발견하고 기뻐하였다.

드디어 지눌은 1190년 영천 팔공산 거조사로 옮겨 그곳에서『권수정혜결사문』을 발표하고 뜻을 같이 하는 사람들을 모았다. 이 결사문은 당시 불자들이 수양에 소홀한 모습을 비판하고 이를 시정하기 위해 산림에 은둔하여 선정을 익히고 지혜를 고르게 하자는 내용을 담았다.

지눌의 호소는 전국적으로 뜨거운 호응을 받아 많은 사람들이 동참하였다. 1200년에는 송광산 길상사로 옮겨 본격적인 정혜 결사 운동을 실천하였다. 선종을 중심으로 불교 교단을 재편하려던 무신 정권은 수선사라는 사액을 내려 이를 적극 지원하였다. 이것은 조계산 송광사로 바뀌어 오늘에 이른다.

지눌의 핵심 사상을 한마디로 말하면 '돈오점수'와 '정혜쌍수'이다. 돈오란 '자신의 마음이 곧 부처임을 문득 깨닫는 것'을 의미한다. 다음에는 그것을 점차 닦아나가는 종교적 실천이 따라야 하니 이것이 '점수'이다. 비록 갑자기 깨달음을 얻었다 해도 성인의 위치로 나가기 위해서는 꾸준한 수양이 필요하다는 뜻이었다. 지눌은 이를 얼음덩어리가 물에 지나지 않음을 알기는 하나 이 얼음이 실제로 물이 되려면 오랜 시간 태양의 따뜻한 기운을 필요로 하는 것과 마찬가지라고 비교하였다.

점수의 구체적인 방법은 바로 정혜쌍수이다. 이 말은 선정(본체)과 지혜(작용)를 함께 닦아야 한다는 뜻이다. 작용은 본체를 바탕으로 하여 존재하고 본체는 작용을 가져오므로 서로를 분리할 수 없다. 이것은 선종과 교종의 일치를 추구한 지눌의 이념을 대변하는 것이었다.

그러나 지눌은 1197년 왕족과 관리를 비롯한 승려 수백 명과 결사에 참여하여 수도하던 중, 시비를 일으키는 무리를 교화하지 못하여 지리산으로 들어가 홀로 선정을 닦았다. 1205년에는 조정의 뜻에 따라 송광사에서 120일 동안 큰 법회를 열고 『대혜어록』과 간화선법看話禪法으로 대중을 교화하였다.

지눌은 1210년 3월 27일 법상에 앉아 입적하였다. 입적 7일 후 화장하여 수선사 북쪽에 탑을 세우고 봉안하였다. 수선사는 지눌이 입적한 후 혜심이 개당하여 더욱 번창하였다.

1592년 3월 27일

이순신, 거북선을 진수하다

이순신의 『난중일기』에 의하면 1592년 3월 27일 처음으로 거북선을 진수하였다. 4월 12일에는 거북선에 장치한 포를 사격 시험하였는데, 다음 날 도요토미 히데요시가 부산에 쳐들어 와 임진왜란이 시작되었다. 거북선은 5월 29일 사천해전에 처음 참가하였으며 이후 왜군과의 해전에서 혁혁한 공을 세웠다.

거북선은 기존의 판옥선과 거의 비슷한 구조의 군선이었다. 다만 2

층 구조인 판옥선의 갑판 위에 덮개를 씌웠다는 것이 다른 점이었다.

거북선의 덮개는 대단히 훌륭한 착상이었다. 16세기까지의 해전은 동서양을 막론하고 모두 적선에 뛰어들어 적을 섬멸하는 전법이었다. 이에 비하면 당시 이순신의 조선 수군은 현대적 개념의 해전을 수행할 수 있는 능력과 체제를 갖춘 것이었다. 왜군은 덮개가 덮여 있는 거북선에는 뛰어들 수 없었다. 게다가 덮개 위에는 도추가 달려 있어 덤벼드는 적을 찔러 거꾸러지도록 하였다. 나아가 이 덮개는 전투하는 군사들의 모습을 가려주기도 하였다.

거북선은 접근전을 주특기로 하는 돌격선이었다. 이순신은 해전에서 대포를 계속 쏘아 적선을 무력화시킨 다음 재빠르게 적선에 다가가 불을 지르는 전법을 사용하였다.

이순신이 많은 해전에서 승리할 수 있었던 것은 좌우에 달려 있는 20개의 노 덕분이었다. 이 노는 속력이 매우 빨랐으며 선회 능력이 매우 뛰어났다. 이순신이 수천의 수군으로 수십 만의 왜군을 물리치고 나라를 구할 수 있었던 것은 왜군의 침입을 예견하고 거북선을 만드는 등 철저한 준비를 했기 때문이었다.

—

1990년 3월 27일

대한항공기 폭파범 김현희, 사형 확정 선고

—

1990년 3월 27일 대법원에서 대한항공기KAL 폭파범 김현희에게 사형이 선고되었다.

김현희는 1962년 1월 27일 북한 평양에서 태어나 평양외국어대학 일본어과를 졸업하였다. 그녀는 북한 대외정보조사부 소속 공작원으로 '88 서울 올림픽 개최 방해를 위해 KAL기를 폭파하라'는 김정일의 공작 명령을 받았다.

1987년 11월 29일 그녀는 하치야 마유미라는 일본인 신분으로 위조하여 김승일과 함께 이라크 바그다드발 서울행 비행기에 탑승하였다. 그녀는 기내 좌석 선반에 폭발물을 놓고 중간 기착지인 아부다비에서 내렸다.

대한항공 858편 보잉 707기는 이라크 바그다드를 떠나 방콕에 기착하기 위해 비행하던 중 미얀마 근해에서 공중 폭발하였다. 이 사건으로 승객 95명과 승무원 20명 등 탑승자 115명 전원이 사망하는 등 대형 참사가 발생하였다.

김현희는 살인, 항공기 폭파 치사, 국가 보안법 위반 혐의로 불구속 기소되었고 대법원은 사형 확정 판결을 내렸다. 그러나 김현희는 사형 선고를 받은 후 전향 의사를 밝혀 그해 4월 12일 노태우 대통령의 특별 사면으로 석방되었다.

* **1987년 11월 19일 '대한항공기 공중 폭발하다' 참조**

1989년 3월 27일

문익환 목사, 김일성 주석과 회담

1989년 3월 27일 전국민족민주운동연합 상임고문 문익환 목사가 북한의 김일성 주석과 통일 문제를 주제로 두 차례의 회담을 가졌다.

문익환 목사는 3월 25일 북한의 조국 평화통일위원회의 초청으로 통일민주당 당원 유원호, 재일 동포 정경모와 함께 개인 자격으로 평양을 방문하였다. 4월 2일 북한에서 허담과 회담을 가진 후 자주적 평화 통일과 관련된 원칙적 문제에 대한 9개항의 합의 성명을 발표하였다.

그러나 문익환 목사는 이후 방북 사건과 관련하여 국가보안법 위반으로 구속되었다. 징역 7년을 선고받았으나 1993년 3월 6일 사면되었다.

—

1967년 3월 27일

경인고속도로 착공

—

1967년 3월 27일 한국 최초의 고속도로인 경인고속도로가 착공되었다.

경인고속도로의 총 길이는 23.89km로 인천광역시 남구 용현동(인천 인터체인지)에서 서울특별시 양천구 신월동(신월 인터체인지)에 이른다. 1968년 12월 21일 왕복 4차선으로 준공·개통되었으며 뒤에 일부 구간은 6~8차선으로 확장되었다. 이 도로는 서울과 인천 구간을 광역 공업권으로 발전시키는 데 크게 기여하였다.

—

1982년 3월 27일

한국 프로야구 출범

—

1982년 3월 27일 한국 프로야구가 출범하여 서울 운동장에서 첫 개막전이 열렸다.

한국 프로야구는 MBC 청룡(서울), 롯데 자이언트(부산), 삼성 라이온 즈(대구), 해태 타이거즈(광주), 삼미 슈퍼스타즈(인천), OB 베어즈(대전) 등 6개 구단을 회원으로 출범하였다.

MBC 청룡 대 삼성 라이온스의 대결로 열린 첫 경기는 10회 연장전까 지 치렀다. 치열한 접전 끝에 MBC 청룡팀이 이종도 선수의 만루 홈런에 힘입어 역전승을 거두었다.

OB 베어스의 박철순 투수는 단일 시즌 22연승을 달성하며 세계 최고 기록을 세워 원년 우승을 차지하였다.

3월의
모든 역사

3월 28일

1950년 3월 28일

남조선노동당 총책 김삼룡이 검거되다

김삼룡은 박헌영이 월북한 후 3년간 남조선노동당을 이끌어온 실질적인 책임자였다. 그는 머리가 비상하고 변장술이 뛰어나 경찰을 골탕 먹이기 일쑤였다. 체포 당시에도 엿장수로 변장한 모습이었고, 서울에만 8개의 은신처를 두고 장소를 수시로 변경하면서 경찰을 따돌렸다.

1950년 3월 28일 김삼룡이 서울 북아현동에서 검거되었다. 그는 철
조망을 넘어 피신하였지만 현장에서 체포되고 말았다. 남조선노동당을
함께 이끌어 온 이주하도 하루 전 검거되었다. 핵심 지도자들은 물론
조직원 142명 모두 체포되어 남조선노동당은 이때 사실상 해체되었다.

남조선노동당은 1946년 11월 서울에서 결성되었다. 조선공산당과
남조선신민당 및 조선인민당이 합동하여 창당된 공산주의 정당으로 남
로당이라고 약칭한다. 1946년 8월 29일 북한에서 먼저 북조선노동당이
결성된 이후의 일이었다. 그 후 1949년 6월 남북의 노동당이 조선노동
당으로 통합되면서 남조선노동당은 김일성의 지배 아래 있었다.

김삼룡은 1908년 충청북도 충주에서 태어났다. 그는 어린 시절 시골
의 학당을 다녔을 뿐 정규 교육은 받지 못했다. 1939년 비밀 공산주의
단체인 경성콤그룹을 조직하여 조직 부장 겸 노동 부장을 지내다가 이
듬해 그 조직선이 드러나 일제에 체포되어 전주 형무소에 수감되었다.
1945년 8월 16일 출감하였고 이후 박헌영과 '조선공산당 재건 준비 위
원회'를 조직하였다.

1945년 9월 11일 마침내 박헌영을 총비서로 하는 조선공산당이 재
건되었다. 이듬해 2월, 김삼룡은 조선공산당을 대표하여 민족주의민족
전선 대의원을 지냈다. 1946년 9월 박헌영이 월북하자 이후 남조선노
동당을 책임 지도하였다. 김삼룡과 이주하는 핵심 당원으로 이들은 공
산당이 불법 단체로 지정되자 지하당을 조직하였다.

1948년 8월 15일 김삼룡과 이주하는 대한민국 정부 수립을 전후하
여 남한 정부의 전복을 기도하였다. 이들은 총선거 저지와 파괴 등 끊
임없이 남조선 적화 폭력 노선을 수행하였다. 이에 남한에서는 정희택
을 중심으로 한 수사진들이 약 3년간 남조선노동당을 추적하였다. 마침

내 경찰은 1950년 3월 27일 서울 예지동 은신처에서 이주하를, 이튿날 북아현동에서 김삼룡을 체포하였다.

특히 김삼룡은 세칭 '일곱 개의 얼굴'이라 불릴 정도로 변장술이 뛰어났다. 그는 체포되기 전까지 3년 동안 서울에 머무르며 남조선노동당 총책으로 북한과 긴밀한 연락을 취하며 남한에서의 지하 활동을 지휘하였다.

김삼룡과 이주하는 특별 군사 재판에서 사형을 선고받았다. 그리고 1950년 6 · 25 전쟁이 발발하자 이튿날인 26일 김삼룡과 이주하의 총살형이 집행되었다. 이 두 사람은 전쟁이 끝난 뒤에는 북한의 역사에서도 이름이 지워져 남북 어디에서도 환영받지 못한 혁명가로 남게 되었다.

1933년 3월 28일

일제, 미곡 통제법 공포

1920년부터 시작된 조선 총독부의 산미 증식 계획으로 조선의 미곡 생산량은 크게 늘어났다. 제2차 계획 기간 중 토지 개량 사업으로 증대된 수확은 117만 3,000여 석이었다. 이렇게 늘어난 미곡은 대부분 일본으로 수출되었다.

한편 조선미의 대일 수출이 격증함에 따라 일본 농업은 위기를 맞이하였다. 품질 면에서 조선미보다 열등하였을 뿐만 아니라 가격도 비쌌기 때문이다. 또한 조선미의 대량 유입으로 일본미의 가격은 폭락하였다. 급기야 1930년대부터 일본 농민들 사이에는 조선미 배척 운동이 시작되었다.

일본 정부는 이와 같은 난국을 타개하기 위해 1932년 11월 미곡 통제 조사회를 설치하였다. 그리고 이듬해 3월 28일 미곡 통제법을 공포하여 조선미 수입을 견제하기 시작하였다.

새로운 사태에 직면한 조선 총독부는 1933년 1월 조선미곡위원회를 설치하여 대책을 강구하였으나 별다른 성과는 없었다. 더구나 1933년 조선의 미곡 생산이 큰 풍작을 보자 총독부는 미곡의 장기 저장을 장려하는 등의 정책을 시행하였다. 그러나 이듬해 산미 증식 계획은 중단되었고, 1937년 중일 전쟁이 발발하자 조선미는 대륙 파견군의 식량이되었다.

1939년부터는 또다시 허울 좋은 산미 증산 계획이 제기되었다. 제3차 계획에서는 농사 개선에 의한 증산 목표를 511만 석, 토지 개량 사업에 의한 증산 목표를 169만석으로 하였다. 그러나 전쟁이 계속되면서 인적 자원과 비료 부족이 가중되어 소기의 성과를 얻을 수 없었다. 결국 제3차 증산 계획은 한낱 계획에 그치고 말았다.

—

1969년 3월 28일

김수환 대주교, 추기경 임명

—

1969년 3월 28일 김수환 대주교가 한국인 최초로 추기경에 임명되었다. 이날 교황 요한 바오로 6세는 가톨릭 서울 대교구장인 김수환 대주교를 추기경으로 임명하였다.

김수환은 1922년 대구에서 태어나 1951년 가톨릭 대학 철학과를 졸

업하면서 사제 서품을 받았다. 이후 안동 천주교회 주임 신부를 시작으
로 성직자의 길로 들어섰다. 1968년 사임한 노기남 대주교에 이어 서
울 대교구장이 되었다. 1998년 서울 대교구장을 은퇴할 때까지 한국
천주교회를 이끌었다.

추기경으로 재직하는 동안 독재 정권에 맞서 민주화 운동을 벌이기
도 하였으며, 2009년 2월 16일 선종하였다.

* 2009년 2월 16일 '김수환 추기경 선종' 참조

3월의
모든 역사

3월 29일

■
·
■

1895년 3월 29일

녹두 장군 전봉준 사형 선고를 받다

새야 새야 파랑새야
녹두밭에 앉지 마라.

녹두꽃이 떨어지면
청포장수 울고 간다.

– 「새야 새야 파랑새야」

1895년 3월 29일 동학 농민 운동의 지도자였던 녹두 장군 전봉준이 사형 선고를 받았다.

전봉준은 1854년 태어났다. 그는 5세 때 한문을 수학하고 13세에는 한시를 짓는 등 매우 총명하여 서당의 훈장을 지냈다. 집안이 가난하여 약을 팔거나 시장에서 상인으로 활동하며 생계를 유지하였다.

그의 아버지 전창혁은 1893년 고부 군수 조병갑의 탄압에 저항하다가 민란의 주모자로 처형되었다. 이후 그는 사회 개혁의 뜻을 품고 보국안민을 위해 1890년 동학에 입교하여 동학의 제2대 교주 최시형으로부터 고부 지방의 동학 접주로 임명되었다.

1892년 4월에는 고부 군수로 부임한 조병갑이 농민들에게 과중한 세금을 징수하고 갖은 명목으로 재물을 약탈하였다. 특히 만석보 밑에 다시 보를 축조하여 불법으로 수세를 징수하여 물의를 일으켰다. 전봉준은 1893년 12월 농민 대표와 함께 관아에 가서 진정하였으나 거부당하자 사발통문을 작성하고 동지 20명과 거사할 것을 약속하였다.

마침내 전봉준은 1894년 1월 10일 1,000여 명의 동학 농민군을 이끌고 관아를 습격하였다. 바로 고부민란이다. 이들이 만석보를 파괴하고 관아를 습격하자 조병갑은 전주로 피신하였다. 동학 농민군은 강탈당하였던 세곡을 농민에게 나누어 주고 부패한 관리를 감금하였다. 이 소식을 들은 조정에서는 이용태를 안핵사로 보내어 사태를 수습하고 조병갑을 비롯하여 무능하고 부패한 관리를 처벌하도록 하였다.

그러나 이용태는 동학 교도에게 민란의 책임을 물어 체포와 살해를 일삼았다. 이에 격분한 전봉준은 다음과 같은 4개항의 행동 강령을 내걸고 인근 각지의 동학 접주들에게 궐기할 것을 호소하였다.

1. 사람을 죽이지 말고 물건을 해치지 말라.

2. 충효를 온전히 하여 세상을 구제하고 백성을 편안히 하라.

3. 왜양倭洋을 축멸하고 성군의 도를 깨끗이 하라.

4. 병을 거느리고 서울로 진격하여 권귀權貴를 멸하라.

이로써 민란은 동학 농민 전쟁으로 전환되었다. 고부에 인접한 태인·정읍·부안 등지의 동학 교도와 농민들이 봉기하였다. 이때 고부 백산에 모여든 동학 농민군의 수는 1만 명이 넘었으며 손화중과 김개남은 전봉준을 보좌하였다. 그가 이끄는 동학 농민군은 부안을 점령하였고 이어 정읍·흥덕·고창을 석권하였으며 4월 27일에는 전주성을 점령하였다.

그러나 이때 청나라 군대가 인천에 상륙하고 일본이 텐진조약을 빌미로 조선에 진출하여 국가의 존망이 위태로워졌다. 따라서 동학 농민군은 탐관오리 응징, 노비 해방 등 12개의 시정 개혁에 대한 확약을 받고 전쟁을 중단하였다.

1894년 청일 전쟁이 일어나자 동학 농민 전쟁은 그 성격이 항일 구국으로 전환되어 다시 봉기하였다. 전봉준은 1만 여명을 이끌고 공주로 공격하였으나 우금치에서 대패하였다. 이후 일부 농민군은 전라도 순천 및 강원도에서 다시 봉기하였지만 모두 진압되었다.

전봉준은 정읍에 피신하였다가 김경천의 밀고로 12월 2일 체포되어 일본군에 넘겨졌다. 이후 서울로 압송되어 재판을 받고 1895년 3월 29일 사형 선고를 받고 이튿날 서대문 형무소에서 교수형을 당하였다.

* 1894년 1월 10일 '고부 군민이 관아를 점령하다' 참조

* 1894년 11월 8일 '동학 농민군 우금치 전투에서 대패해 남쪽으로 퇴각'
  참조

—

1865년 3월 29일

만동묘 철폐를 명하다

—

충청북도 속리산 화양 계곡은 전라북도 무주 구천동 계곡과 더불어 여름 피서지로 소문난 곳이다.

이곳에는 화양 서원이 있고 그 옆에는 만동묘가 있는데 이것은 송시열의 유지에 따른 것이었다. 만동묘는 명나라 황제였던 신종과 의종을 제사 지내기 위해 권상하가 설립하였다. 만동묘라는 이름은 가평군 조종암에 새겨진 선조의 어필인 만절필동萬折必東의 처음과 끝 자를 따서 지은 것이다. 흐르는 황하의 물이 이리저리 만 번을 굽이돌아도 반드시 동으로 흐른다는 의미로 명에 대한 조선의 변치 않는 의리를 나타낸 것이었다.

그런데 영조 때 노론의 일당 전제가 이루어지고 우암이 문묘에 배향되면서 화양 서원과 만동묘는 강력한 권력 기관으로 변모하였다. 해마다 만동묘에서 제사를 지낼 때에는 전국의 유생 수천 명이 모여들었고, 일 년 내내 선비들의 발길이 끊이지 않았다.

1864년 1월 집권에 성공한 흥선 대원군은 이듬해 만동묘를 철폐하라는 명령을 내렸다. 대보단에서 명나라 황제들을 제사 지내고 있으니 만동묘에서 따로 개인적인 제사를 지낼 필요가 없다는 게 그 이유였다. 그리하여 철폐된 만동묘의 신주와 편액 등은 서울 대보단의 경봉각으로 옮겨졌다.

그러나 1873년 대원군이 물러나자 이항로, 최익현 등은 상소를 올려 만동묘를 부활시킬 것을 청하였다. 이듬해 만동묘가 다시 세워졌는데 이는 명성황후 민씨 일파가 유생들의 환심을 사기 위한 조치였다.

1908년 일본 통감이 다시 만동묘를 철폐하고 그 재산을 국가 또는 지방 관청에 귀속시켰다. 그 뒤 은밀하게 제향이 계속되었는데 1940년 부터는 일제의 강압으로 포기하였다. 1942년 일제는 만동묘 건물을 철 거하여 괴산 경찰서 청천면 주재소를 짓는 데 사용하였다. 그 후 1983 년 홍수 때 만동묘 묘정비가 발견되어 옛 자리에 다시 세우고 묘역을 정비하였다.

* 1871년 3월 20일 '흥선 대원군, 전국의 서원을 철폐하다' 참조

1927년 3월 29일

월남 이상재 사망하다

1927년 3월 29일 사회 운동가 월남 이상재가 노환으로 사망하였다.

이상재는 1850년 10월 26일 충청남도 서천에서 태어났다. 1867년 과 거에 응시하였으나 부패한 관리들의 매관매직으로 낙방하였다. 그는 이 같은 현실에 개탄하여 세상을 등지고 살고자 하였다. 그러나 이때 친족 장직의 권유로 박정양을 만나 1880년까지 그의 개인 일을 돌보았다.

이상재는 1881년 박정양이 신사 유람단의 일원으로 일본으로 건너 갈 때 수행원으로 따라갔다. 이후 자연스레 홍영식을 비롯한 개혁 인사

들과 사귀었고 홍영식의 권유로 1884년 우정국 주사가 되었다.

1887년 박정양이 주미 공사로 파견되자 그를 따라 도미하였다. 귀국 후에는 우부승지, 학무아문참의, 학부참사관, 법부참사관, 의정부 총무 국장을 역임하였다. 또한 독립 협회 조직에 참여하고 협회 부회장이 되어 만민 공동회 개최를 주도하였다.

1898년 12월 25일 독립 협회가 해산되자 모든 벼슬을 버리고 초야에 묻혀 지내며 탐관오리의 부패를 탄핵하였다. 이 때문에 정부 대신들의 미움을 받아 1902년 6월 국체 개혁을 음모했다는 이른바 개혁당 사건에 연루되어 구금되었다. 이 사건으로 약 3년간 복역하면서 기독교도가 되었다. 이후 조선 YMCA 연합회 회장을 지내며 민중 계몽에 투신하였다.

1924년에는 「조선일보」 사장에 취임하여 민족의 화합과 단결을 역설하였다. 1925년 제1회 전국기자대회 의장으로서 한국 언론의 단합에 크게 기여하였다. 또한 공산주의 사상에 물들어 가는 지식인과 언론인들을 민족주의의 편으로 이끌어 내는 데 큰 공헌을 하였다.

그는 1927년 1월 15일 신간회 창립총회에서 만장일치로 회장에 추대되었다. 이후 일체의 기회주의를 거부한 채 독립운동에 매진하였으나 얼마 지나지 않아 눈을 감았다. 그의 장례식은 1927년 4월 7일 한국 최초 사회장으로 거행되었는데 약 20만 명의 조문 인파가 모여들었다.

유해는 한산 선영에 안치되었다가 1957년 경기도 양주군 장흥면 삼하리로 이장되었다. 1962년 건국훈장 대통령장이 추서되었다. 저서로는 『청년위국가지기초』『진평화』『청년회문답』『상정부서』 등이 있다.

2001년 3월 29일

인천국제공항 개항

2001년 3월 29일 우리나라 최대 규모의 국제공항인 인천국제공항이
개항하였다.

인천국제공항은 21세기 동북아시아의 허브 공항을 목표로 약 7조
8,000억 원의 공사비가 투입되어 건설되었다. 이 사업은 인천광역시 중
구 공항로 영종도와 용유도, 삼목도, 그리고 신불도와 그 사이의 간석
지를 매립하면서 시작되었다. 총 4단계로 나누어 추진되었는데 1989년
제1단계 타당성 조사 및 기본 설계를 끝냈다. 1992년 11월부터 착공에
들어가 약 8년 4개월 만에 개항하였다.

인천국제공항은 24시간 운항이 가능하며 연간 2천 700만 명의 여객
과 170만 톤의 화물을 처리할 수 있는 여객 터미널 및 화물 터미널을
갖추었다. 지상 22층 높이의 관제탑과 지진에 대비한 복합 내진 장치도
설치되었다.

2020년 완공을 목표로 하는 마지막 4단계 사업이 완료되면 여객터
미널 2동, 탑승동 4동, 게이트 128개, 4면의 활주로를 갖추게 된다. 이
로써 인천국제공항은 연간 1억 명의 승객과 700만 톤의 화물을 처리할
수 있게 된다.

대한항공, 아시아나항공, 제주항공, 폴라에어카고Polar Air Cargo가 인천국
제공항을 허브로 사용하고 있다. 또한 2004년부터 2009년도까지 국제
공항협의회가 실시하는 공항 서비스 평가에서 5년 연속으로 세계 1위
최우수 공항에 선정되었다. 2010년에는 미국 여행 전문지 『글로벌 트

래블러』 선정 세계 최고 공항상을 수상하였다.

1897년 3월 29일

우리나라 최초의 철도인 경인 철도 착공

1897년 3월 29일 인천 우각현에서 서울과 인천 간 철도 부설 공사의 착공식이 열렸다. 고종은 1896년 3월 미국인 모스와 경인간 철도 부설 운영 및 유지에 관한 특허권 계약을 맺고 공사를 허가한 바 있었다.

경인선은 우리나라 최초의 철도로 이날 공사가 시작되었지만 자금난 으로 공사가 지속되지는 못하였다. 이때 일제는 조선의 철도 부설권을 얻으려고 노심초사하고 있었는데 1897년 5월 4일 마침내 경인철도인 수조합을 결성하였다. 동시에 8일에는 양도 계약을 성사시켰다. 일본 측 이 공사비를 융자해 주고 철도 부설이 끝난 후에 양도받는 조건이었다.

그러나 조합과 모스 간의 의견 충돌이 잦아지자 결국 모스는 공사를 포기하고 1898년 12월 17일 철도 부설권을 일본에 완전히 넘겨주었다. 이에 조합은 경인철도주식회사로 바뀌었다.

1899년 4월부터 재개된 공사로 우선 제물포(인천)에서 노량진 구간 을 완성하였다. 이는 한국 최초의 철도 운행이었다. 1900년 7월 5일 최 초의 근대식 교량인 한강 철교가 준공되었고 7월 8일에는 경인선 전 구간이 개통되어 서울과 인천이 철도로 연결되었다. 1910년 국권이 피 탈된 후에는 총독부 철도국으로 경영권이 이관되었다.

1911년 3월 29일

조선은행법, 일본 국회에서 가결

1911년 3월 29일 일본 국회에서 '조선은행법안'이 가결되어 법률 제 48호로 반포되었다.

조선은행법은 한국은행법과 완전히 동일한 법이다. 이 법은 조선은 행의 설립 연월일을 한국은행이 설립되었던 1909년 11월 24일로 소급 규성하였다. 또한 한국은행이 행한 모든 행위는 조선은행이 행한 것으로 간주한다는 규정을 포함하였다.

이날 가결된 조선은행법은 8월 15일 공포되었다. 한국은행은 조선은 행이라는 새로운 명칭으로 존속하며 그 권리와 의무를 승계하였다.

조선은행에 대한 감독권은 일본의 대장대신이 가졌고 조선 총독은 그 권한을 대리 행사하였다. 이로써 한국 정부가 가지고 있던 한국은행 의 주식은 아무도 모르는 사이에 총독부로 넘어갔다. 이 외에도 조선은 행 주식의 대부분을 일본인들이 소유하여 조선은행은 일본에 종속된 발권 은행이 되고 말았다.

3월의
모든 역사

3월 30일

■
·
■

686년 3월 30일

신라의 승려 원효가 입적하다

원효의 핵심 사상은 '일심—心'과 '화쟁和諍'이다. 그는 도는 모든 존재에 미치지만, 결국은 하나의 마음으로 돌아간다며 만물을 차별 없이 사랑하는 삶을 강조하였다. 그리고 서로 다른 종파들의 이론을 인정하며 이들을 통합하기 위하여 노력하였다. 이것을 '화쟁사상和諍思想' 또는 '원융회통사상圓融會通思想'이라고 한다.

원효는 인간은 누구나 불성을 가지고 있으며, 이러한 마음의 근원을 회복하면 누구나 부처가 될 수 있다고 하였다. 이 마음의 근원이 바로 '일심—心'이다. 즉 일심은 모든 존재와 현상의 근거이며, 일심이 구현된 세계가 바로 정토淨土이다. 일심은 평등하고 무차별하며, 일심에서 보면 진여眞如와 생멸生滅이 다르지 않다. 따라서 마음의 근원을 회복한다는 것은 일체의 차별을 없애고, 만물이 평등하다는 것을 깨우치고, 차별 없이 사랑하는 자비의 마음을 얻는 것이다.

661년 백제가 멸망한 후, 나당 연합군이 한창 백제의 부흥군과 싸움을 벌이던 무렵이었다.

원효와 의상은 당항진에서 당나라로 가는 배를 타기 위해 직산을 지나고 있었다. 그러나 날이 어두워지고 폭우까지 쏟아지자 두 사람은 어느 흙구덩이에서 하룻밤을 지내게 되었다. 원효가 한밤중에 목이 말라 이리저리 손을 더듬어 보았다. 곧 바가지의 물을 발견하고는 단숨에 들이켰다. 그러고는 다시 잠이 들었다. 물맛이 그렇게 감미로울 수가 없었다.

그러나 아침에 눈을 떴을 때에는 그 구덩이는 무덤이었고, 곧 자신이 마셨던 물은 해골에 고여 있던 물임을 알게 되었다. 순간 원효는 구역질을 이기지 못하고 토해 버렸다.

어젯밤에 마셨던 물이나 아침에 본 물은 모두 똑같은 물이다. 그런데 왜 감로수처럼 달콤하기도 하고 토해낼 만큼 역겹기도 한 것인가. 원효는 곧 모든 것은 마음먹기에 달려 있다는 것을 깨닫게 되었다. 즉 진리는 결코 밖에 있는 것이 아니라 자기 자신에게 있음을 터득한 것이다.

이에 원효는 의상에게 "이 세상은 오직 마음먹기 나름이요, 온갖 법은 오로지 인식하기 나름이다. 마음밖에 달리 법이 없거늘 어찌 밖에서 구하리요, 나는 당나라에 가지 않겠네."라고 말하며 의상과 헤어져 경주로 되돌아왔다.

이때부터 원효는 무엇에도 얽매이지 않는 무애의 삶을 추구하며 본격적으로 대중 교화에 나섰다. 원효는 오래도록 분황사에 머물면서 경전을 읽고 통달하였지만 이론에만 치중하지 않았다. 일반 서민들과 직접 부대끼면서 그들의 의식을 일깨웠다.

반면 의상은 자신의 처음 의지대로 당으로 건너갔다. 그곳에서 지엄을 만나 화엄학을 배운 후 귀국하여 신라에 화엄종을 크게 유행시켰다.

원효의 생애에서 요석 공주와의 사랑은 삶의 중요한 전환점이 되었다. 요석 공주를 좋아하게 된 원효는 어느 날 미치광이처럼 경주 거리를 돌아다니다 "누가 자루 빠진 도끼를 빌려줄 테냐? 내가 하늘을 떠받칠 기둥을 찍어 내겠다."라고 노래 불렀다. 아무도 이 노래의 의미를 몰랐는데 무열왕은 이를 듣고 단번에 '귀부인을 얻어 아들을 낳고 싶다'는 원효의 뜻을 알아차렸다.

마침 전쟁으로 남편을 잃은 요석 공주가 요석궁에 홀로 머물고 있었다. 이때 무열왕은 관리를 보내 원효를 즉시 데려오도록 하였다. 원효는 물에 빠져 옷을 적시고는 그것을 말린다는 구실로 요석궁에서 밤을 지냈다. 그 뒤 요석 공주가 아기를 낳으니 이가 바로 설총이다. 즉 자루 빠진 도끼는 요석 공주요 하늘을 떠받들 기둥은 설총이었던 것이다.

원효는 승려로서 계를 파했기 때문에 스스로 환속하여 소성 거사小性居士를 자처하였다. 원효는 출가한 승려만이 깨달음을 얻을 수 있다고 믿지 않았다. 불경의 깊은 교리를 이해하는 것은 중요한 문제가 아니었다. 오히려 세속의 무식한 민중들도 '나무아미타불 관세음보살'만 열심히 암송하면 누구나 극락에 왕생할 수 있다고 보았다.

아미타불은 서방 정토를 주재하는 부처이니 바로 이것이 정토 신앙이다. 정토 신앙은 통일 신라의 모든 교파에서 신봉될 정도로 크게 유행하였는데 이는 원효의 전도가 큰 역할을 하였다.

원효 사상의 핵심은 흔히 화쟁 사상으로 표현되는데 이것은 일반 민중을 중심으로 한 화합 사상이었다. 그런 면에서 지배층을 중심으로 한 의상의 화엄 사상과 대비된다.

원효의 화쟁 사상은 모든 인간이 평등하다는 기본 원칙에서 출발하였다. 따라서 악인도 성불할 수 있다는 것이 원효의 주장이었다. 이러한 주장은 당시 고통 받던 민중들의 마음을 크게 사로잡았다. 원효는 본래 진골이 아닌 6두품 출신이었기 때문에 그 자신도 현실에서 많은 차별을 겪었다. 아마도 이것은 진골 출신의 의상과는 달리 민중의 입장에서 사상의 화합을 도모한 배경이 되었을 것이다.

한편 원효는 불교를 널리 전파하는 것은 물론 불교 경전 연구에도 힘을 기울였다. 원효가 남긴 저술에 대해서는 학자들마다 견해가 다르다. 모두 100여 종 240여 권에 이르는 것으로 알려져 있으나 일부만 전해진다. 현재 전하는 저술에는『금강삼매경론金剛三昧經論』『기신론별기起信論別記』『대승기신론소大乘起信論疏』『대승육정참회大乘六情懺悔』등이 있다.

—

1493년 3월 30일

조선의 문인 김시습 사망

—

한국 최초의 한문 소설『금오신화』의 저자이자 사상가인 김시습이 1493년 3월 30일 사망하였다.

김시습은 이맹전, 원호 등과 함께 생육신의 한 사람으로 1435년 한양에서 태어났다. 그는 3세 때 시를 지어 신동으로 이름을 날렸다. 5세 때 그의 재주를 시험해 본 세종은 그에게 상을 내리고 칭찬을 아끼지 않았다고 한다.

김시습은 21세 되던 해 수양 대군이 단종의 왕위를 찬탈한 소식을 듣고 통곡하다가 책을 불사르고 중이 되었다. 그 후 10년간 전국을 유랑하였다. 세조 11년(1465) 경주 남산에 금오산실을 짓고 기거하였는데 이때 『금오신화』와 『산거백영』을 지었다. 『금오신화』는 나말여초의 전기 소설을 계승·발전시킨 형태로 예술성이 높은 단편 소설이다.

그는 37세 때에 상경하여 수락산 기슭에 폭천 정사를 세우고 농사짓고 지냈다. 1480년 환속하여 결혼하였으나 얼마 지나지 않아 다시 방랑의 길을 떠났다. 여러 곳을 방랑하다 충청남도 부여 무량사에서 절개를 지키다 59세의 나이로 생을 마감하였다. 정조 6년(1782) 이조판서에 추증되었으며 영월寧越의 육신사六臣祠에 배향되었다.

김시습은 탁월한 사상과 문장으로 일세를 풍미하였으며 15권에 이르는 방대한 분량의 한시를 남겼다. 그의 시에는 천재성과 오랜 방랑 생활에서 녹아난 시적 표현이 번뜩이고 있어 현실주의 문학의 빼어난 성과로 평가받았다. 또한 유교와 불교 정신을 아우르는 학자로서 우주 만물의 본질과 현상에 대한 체계적인 설명을 시도하였다. 『십현담요해』『묘법연화경별찬』등을 비롯한 수많은 저술이 『매월당집』의 문고에 수록되어 있다.

1902년 3월 30일

소설가 나도향 출생

「벙어리 삼룡이」의 작가 나도향은 1902년 3월 30일 서울에서 태어났다. 그는 1919년 배재고등보통학교를 마치고 경성의학전문학교에 입학하였으나 문학에 뜻을 두어 일본으로 건너갔다. 그러나 학비를 마련하지 못해 곧 귀국하였다.

1920년 경상북도 안동에서 보통학교 교사를 지내다가 이듬해 『백조』동인으로 참가한 것이 문단 진출의 계기였다.

　나도향의 초기 작품은 감성주의가 지배하는 것으로 「젊은이의 시절」「별을 안거든 울지나 말걸」「환희」 등이 있다. 그러나 「17원 50전」「행랑자식」「여이발사」를 발표하면서 점차 감상적 경향에서 벗어났다. 그의 후기 작품은 냉정하고 객관적인 사실주의 경향을 띄는데 「물레방아」「뽕」「벙어리 삼룡이」 등이 그것이다.

　특히 「벙어리 삼룡이」는 한국 신문학 사상 가장 우수한 작품으로 평가받는다. 이 작품은 추남이고 땅딸보인 벙어리 머슴 삼룡이가 구박받는 주인댁 새아씨를 사모하는 내용으로, 1929년과 1964년 두 차례 영화화되어 많은 이의 사랑을 받았다. 그러나 안타깝게도 나도향은 1926년 8월 26일 25세의 나이로 요절하였다.

—

1866년 3월 30일

프랑스인 신부 안토니오 다블뤼 순교

—

　1866년 3월 30일 프랑스인 신부 안토니오 다블뤼 주교가 충청남도 보령의 갈매못에서 순교하였다.

　다블뤼 신부는 1845년 10월 김대건 신부와 중국 상하이에서 배를 타고 조선에 입국하였다. 그는 파리 외방전교회 소속 신부로 조선 천주교 제5대 교구장으로 선교 활동을 펼쳤다.

　흥선 대원군은 1866년부터 천주교에 대대적으로 탄압을 가하기 시작하였다. 이렇게 시작된 박해는 서울을 벗어나 지방까지 확산되었고 이후 7년간 계속되었다. 1866년 3월 8일에는 프랑스인 신부 베르뇌가

노량진 백사장에서 처형되었다. 소위 병인사옥으로 불리는 이 박해로
무려 8,000명 이상의 천주 교도가 학살되었다.

수많은 신자들이 죽어가자 다블뤼 신부는 신자들의 희생을 줄이기
위해 스스로 자수하여 군문효수를 당했다. 유해는 천주교 절두산 성지
에 마련된 28위 순교 성인 성해실에 안치되었다.

* 1866년 3월 8일 '천주교 탄압령으로 프랑스 신부 베르뇌가 순교하다' 참조
* 1866년 9월 18일 '프랑스 함대, 강화도 침범' 참조

2004년 3월 30일

경부고속철도 개통

2004년 3월 30일 오전 서울역 광장에서 경부고속철도KTX 개통식이
열렸다.

경부고속철도는 1980년대 말부터 우리나라의 사회 · 경제의 중심축
인 경부 축의 교통난과 물류난을 해소하기 위해 계획되었다. 1990년
기본 계획 및 노선을 확정하여 착공 12년 만에 완공되었다.

경부고속철도는 경부선에 열차가 개통된 지 100년 만의 일이라, 그
의미가 더욱 컸다. 경부선 개통 당시 서울-부산 간 주행은 무려 17시
간이나 걸렸지만 고속철도는 약 2시간 40분 만에 달렸다.

이 고속 열차의 실제 상업 운행은 2004년 4월 1일 시작하였다.

—

1973년 3월 30일

어버이날 제정

—

1973년 3월 30일 아버지와 어머니의 사랑을 기념하는 '어버이날'
이 제정되었다. 이는 각종 기념일 등에 관한 규정(대통령령 6615호)으로
1956년 제정된 어머니날이 확대된 것이다.

이 법의 개정 취지는 범국민적 효 사상을 함양하고 사회와 이웃에 모
범이 되는 효행자, 전통 모범 가정, 장한 어버이를 발굴하여 포상하고
격려하는 데 있었다.

부모님께 카네이션을 달아 드리는 것은 미국에서 유래한 것으로 어
버이날에는 해마다 기념식을 실시하고 각종 잔치와 행사를 개최하였
다. 또한 효행자 및 모범 가정 등에 대한 포상으로 훈장과 표창을 실시
하였다.

3월의
모든 역사

3월 31일

1930년 3월 31일

최승희, 창작 무용 발표회를 개최하다

한국 춤의 문화적 우수성을 세계에 떨치며 한국 근대 무용사에 큰
공헌을 했던 무희로는 단연 최승희를 꼽는다.

최승희는 아리랑을 전 세계에 알린 한류 1세대로 세계를 사로잡을
만큼 매혹적인 무용가였다. 그녀는 중국의 메이란팡Mei Lanfang, 인도
의 우다이 샹카르Uday Shankar와 더불어 아시아 출신의 세계적인 무용
가로 인정받았다.

1930년 3월 31일 서울 단성사에서 최승희의 제1회 창작 무용 발표회가 열렸다.

최승희는 1911년 11월 24일 서울에서 태어나 숙명여학교를 졸업하였다. 그녀는 1926년 이시이 바쿠의 무용 발표회를 구경한 것이 계기가 되어 무용가의 길로 들어섰다. 그 후 이시이 바쿠의 연구생으로 들어가 3년간의 유학을 마쳤다. 1929년 서울에 '최승희 무용 연구소'를 설립하고 국내에서 모두 아홉 차례의 무용 발표회를 열었다.

최승희는 이에 만족하지 않고 한성준으로부터 고전 무용을 사사하여 조선의 춤을 계승하였다. 1934년 승무, 칼춤, 부채춤, 가면춤 등의 한국 고전 무용을 현대화하여 일본 청년 회관에서 신작 발표회를 열었다. 이때 그녀는 아낌없는 찬사를 받았다. 최승희의 무용 발표회를 본 『설국』의 작가 가와바타 야스나리는 당대의 일본 신진 여류 무용가로서 그녀를 제1인자로 꼽았으며, 전후 그녀의 예술을 다룬 장편 『무희』를 발표하였다.

그녀는 일본뿐만 아니라 미국과 유럽, 중남미 등 전 세계로 활동 무대를 넓혔다. 최승희는 '동양의 무희'로 찬사를 받아 한국인의 긍지를 높여주었다. 관중을 사로잡는 눈빛과 동양의 신비한 매력이 담긴 춤사위로 세계적 무용가로 인정받았다. 또한 근대 무용의 틀을 만들어 한국 무용사에 큰 족적을 남겼다.

1942년에는 일제의 강요로 전선 위문 공연을 떠나 조선, 만주, 중국에서 130여 회에 달하는 공연을 가졌다. 이것으로 광복 후 친일 무용가라는 비판을 받았다.

1946년에는 좌익 문학가인 남편 안막을 따라 월북하였다. 월북 후 그는 조선 춤을 체계화하고 무용극을 창작하는 데 힘썼다. 1958년 남편 안막이 숙청당한 후 그녀의 위치도 흔들렸고 1967년 끝내 숙청당하고 말았다.

최승희는 사망 이후 전성기의 화려한 명성과 달리 남쪽에서는 월북 예술가라는 이유로, 또 북쪽에서는 반혁명 분자로 세인의 기억 속에서 사라져갔다. 300편이 넘는 그녀의 창작품 또한 전해지지 못했다.

저서로는 민속춤을 정리한 『조선민족무용 기본』 『조선아동무용 기본』 등이 있다.

1924년 3월 31일

최남선, 「시대일보」 창간

1924년 3월 31일 「시대일보」가 창간되었다.

「시대일보」는 일제 강점기인 1924년부터 1926년까지 경성부에서 발행된 일간 신문이다. 이 신문은 최남선과 진학문이 1922년 9월부터 펴내던 시사 주간지 『동명東明』을 폐간한 뒤 발행 허가를 얻어 창간하였다. 최남선은 사장 겸 주간이었고, 전무이사는 서상호, 편집국장은 진학문이었다. 조간 발행으로 국한문 혼용체를 사용하였으며 크기는 대형판 4면이었다. 초기 발행 부수가 2만 부에 이르러 당시 「조선일보」 「동아일보」와 함께 3대 민간지였다.

그러나 창간 2개월 만에 자금난으로 경영이 어려워지자 1924년 7월 9일 보천교에 경영권을 넘겼다. 이때 편집 겸 발행인의 명의가 이성영으로 바뀌었다. 이것은 사우회社友會의 반발을 불러왔고 여론 또한 극도로 악화되어 7월 10일 휴간에 들어갔다.

그 후에도 「시대일보」는 몇 차례 사장이 바뀌는 등 한동안 안정을 찾지 못했다. 1925년 4월 합자회사를 조직하여 「동아일보」의 주필 겸 편집국장이었던 홍명희를 사장으로 맞아 1926년 8월 중순까지 발행하였다. 하지만 계속된 경영난으로 회사는 해산되었다.

이후 1926년 9월 18일 이상협이 「시대일보」의 판권을 넘겨받아 「중외일보」라는 새 이름으로 바꾸고 창간호를 발행하였다.

—

1906년 3월 31일

대한자강회가 조직되다

—

1906년 3월 31일 대한자강회가 조직되었다.

대한자강회는 민중 계몽을 목적으로 윤효정, 장지연 등이 주축이 되어 만들었다. 회장에는 윤치호, 고문에 오가키 다이부를 추대하였고 평의원 10명, 간사원 10명으로 전국에 지회를 두었다.

대한자강회의 주요 활동은 일반 대중을 대상으로 한 정기적인 연설회 개최와 『대한자강회월보』를 발행하여 민중 계몽 운동을 전개하는 것이었다. 나아가 교육 문제를 비롯한 사회 문제에 대한 건의안을 정부에 제출하기도 하였다.

그러나 설립 당시부터 일본인 고문을 두었고 법의 제약이 많아 활동의 성과가 크지 않았다. 1907년 고종 퇴위 반대 운동을 전개하고 친일 매국 단체인 일진회를 성토하자 8월 21일 통감부에 의해 강제 해산 되었다. 그 후 1907년 11월 10일 대한자강회의 조직을 정비하여 대한협회로 새로이 탄생하였다.

1941년 3월 31일

총독부, 국민학교 학제 공포

1941년 3월 31일 조선 총독부는 교육령의 일부를 개정하여 '초등학교 규정'을 공포하였다. 또한 1938년 제3차 조선 교육령에 의한 소학교를 일본과 마찬가지로 국민학교로 바꾸었다.

일제의 개명 목적은 교육 체계의 확립이었다. 즉 일제의 침략 전쟁을 뒷받침할 수 있는 국민을 양성해 내는 것을 교육 목표로 삼았던 것이었다. 나아가 조선어 과목을 완전히 폐지시켜 조선인의 민족의식을 없애고 이른바 '황국 신민'을 만들려는 의도를 가지고 있었다.

3월의 모든 역사 _한국사

초판 1쇄 인쇄 2012년 3월 1일
초판 1쇄 발행 2012년 3월 5일

지은이 이종하

펴낸이 김연홍
펴낸곳 디오네

출판등록 2004년 3월 18일 제313-2004-00071호
주소 121-865 서울시 마포구 연남동 224-57
전화 02-334-7147 **팩스** 02-334-2068
주문처 아라크네 02-334-3887

ISBN 978-89-92449-84-7 03900